U0507615

该书是甘肃省科技厅软科学项目"近代金融业在西北社会经济发展中的地位和作用研究"成果之一

经济史研究系列

西北地区近代金融业发展及其历史考评

苗金萍 ◎ 著

中国社会科学出版社

图书在版编目（CIP）数据

西北地区近代金融业发展及其历史考评/苗金萍著．—北京：
中国社会科学出版社，2016.10
ISBN 978 - 7 - 5161 - 9065 - 4

Ⅰ.①西…　Ⅱ.①苗…　Ⅲ.①金融—经济史—研究—西北
地区—近代　Ⅳ.①F832.95

中国版本图书馆 CIP 数据核字（2016）第 241708 号

出 版 人	赵剑英	
责任编辑	卢小生	
责任校对	周晓东	
责任印制	王　超	

出　　版	中国社会科学出版社	
社　　址	北京鼓楼西大街甲 158 号	
邮　　编	100720	
网　　址	http://www.csspw.cn	
发 行 部	010 - 84083685	
门 市 部	010 - 84029450	
经　　销	新华书店及其他书店	

印　　刷	北京金瀑印刷有限责任公司	
装　　订	廊坊市广阳区广增装订厂	
版　　次	2016 年 10 月第 1 版	
印　　次	2016 年 10 月第 1 次印刷	

开　　本	710×1000　1/16	
印　　张	8	
插　　页	2	
字　　数	89 千字	
定　　价	36.00 元	

内容提要

　　金融是国民经济的重要杠杆。随着我国改革开放的不断深入与西部大开发战略的实施，金融将在我国国民经济生活中发挥日益重要的作用。总结西北近代金融业发展的经验教训，必将对西北地区金融体制改革和经济发展提供历史借鉴。

　　本书以鸦片战争后中国近代金融业的产生、发展为背景，运用丰富、翔实的历史资料，考察了我国西北地区旧式金融机构的经营特点、华俄道胜银行在新疆所从事的掠夺活动，论述了西北近代金融业的发端和嬗变，侧重分析了抗日战争时期以地方省、县银行为主体，国家银行和商业银行为两翼的西北近代金融网络系统的形成及其对西北近代经济发展所起到的推动作用；同时也论述了陕甘宁边区新民主主义性质的金融业的独特功能。通过与东部发达地区近代金融业的比较，对西北近代金融业在发展过程中所表现出来的各种特征也做了比较详细的论述。

关键词： 近代　　西北　　金融业

Abstract

With the deepening of "Reform and Opening to the outside world" and the carrying out of "Great West Development", finance will surely play a more and more important role in the whole national economy. To sum up lessons from the history of modern financial institutions in northwest China will no doubt offer enlightenment to both the undergoing financial system reform and the advancement of "Great West Development" strategy.

The book not only reviews the characters of the old type of financial institutions but also discusses the emerging and evaluation of the modern financial institutions in northwest China. The paper emphasizes particularly on the coming into being of northwest China's modern financial system which consists of "the main body" (it refers to the provincial bank and the county bank) and "two wings" (they mean the state – owned bank and the commercial bank) together with the positive effects it has produced on the economic development of northwest China during the resistance war against Japan. Meanwhile, it addresses the fundamental functions of the new democratic financial institutes in the Shan – Gan – Ning Border Region. At last, it points out various kinds of characters of the modern financial institutions in

northwest China in contrast to those of in southeast China's trea-
ty ports.

Key words：Modern Times　　Northwest China　　Finance

前　言

　　银行业在当代国民经济中起着神经中枢的作用，是一国经济命脉所在。如何充分发挥银行业融通资金的"中转站"作用，加强银行对企业服务的功能，改善银行同政府财政机关的关系，实现银行的企业化运作，提高国内银行对外资银行的国际、国内竞争力，是摆在我们面前的重大课题。

　　与此同时，西部大开发战略和新丝绸之路沿线经济带的实施，对于如何恰当地确定金融业在国民经济体系中的地位，以充分发挥其对社会经济的调节、干预与支持作用，也提出了严峻的要求。因此，对西北近代金融业的历史回顾与反思就显得格外必要。

　　西北地区是中华民族的发祥地。汉唐时期，陕西关中一带是全国的政治、文化和经济中心；丝绸之路的喧嚣和楼兰古国的繁盛，一度昭示着西北的富裕和辉煌。宋代以降，随着海上丝绸之路的开通和政治重心的转移，西北地区在全国政治、经济中的地位开始慢慢衰落。至明末清初，江南地区经济发展水平已经超过西北地区，并取代西北成为全国的经济重心。从此以后，西北地区经济发展水平落后于东南沿海地区的状况一直没有改变。

　　怀着对西北黄土地的深厚感情，为了在良好的国际国内环境下，抓住千载难逢的历史机遇，缩短东西部社会发展的地区经济差距，使西北地区重焕光彩、重振昔日辉煌，而贡献自己的绵薄之力，是我们这一代人义不容辞的职责。

知往可以鉴来。抚今追昔，梳理史实，探求西北近代金融业在发展过程中所表现出来的不同于东南沿海发达地区的独特性，认真吸取这一段时期西北近代金融业发展的经验教训，以史为鉴，用以指导今天的银行业改革，将有利于我们减少政策性失误，提升银行业运营效率，加速金融体制改革。

20 世纪 30 年代，由于抗日战争的特殊需要，西北开发尤其是西北金融网络体系的构建成为学界一时讨论的焦点，也是政界、国人普遍关注的问题，并引发了一场有关西北地区金融建设研究的热潮。新中国成立以来，在中国近代经济史研究中，有关金融史的研究是学术界的薄弱环节，这方面的学术著作不多，2001 年，洪葭管主编的《中国金融史》一书出版，叶世昌、潘连贵合著的《中国古近代金融史》一书也于同年出版；2002 年，李飞等主编的《中国金融通史》（六卷本）出版等。

就目前而言，西北金融史的研究尚属于经济史学界的空白区，在学界公推的最高权威学术专著——由汪敬虞先生主编的《中国近代经济史（1894—1927）》论述"金融业"的专章中，也较多地着墨于东南沿海通商口岸地区的金融组织机构的历史变迁，而对于西北、西南较不发达地区的金融业发展进程及其演变、分化，均较少涉及。

对西北地区近代金融业研究的滞后是西北地区近代金融业发展水平落后的事实在理论上的表现。近代以来，中国金融业的发展在区域间严重失衡：上海是全国的经济贸易金融中心，有关近代上海金融业的研究也相对繁荣；而西北地区则由于金融业发展水平的低下和史料的缺乏与零散，在这方面的研究尚有很大的挖掘空间。

在魏永理、李宗植、张寿彭主编的《中国西北近代开发史》中曾辟专章对"西北近代金融事业的开发"做了较为翔实的记录和论证。它引用了丰富的史料，对西北近代金融业的发展过程及特点做了较为客观的论述，在西北近代金融史上做了拓荒性研究。但由于篇幅所限，对某些问题的阐释尚未充分展开，因而有必要将西北近代金融史的研究继续开展下去。因此，本书试图在继承前人已有研究成果的基础上，运用描述、归纳和分析综合的方法，尽可能从我国西北近代金融业的发展史中找出西北金融业发展的特殊规律及其背后所隐含的一般规律。

目　录

第一章 中国近代金融业的
产生与发展

中国的旧式封建金融机构如钱庄、当铺、账局，在鸦片战争以前就已存在。清朝末年，专营异地汇兑业务的山西票号的崛起，省却了异地之间起镖运现的麻烦。它适应了商品经济日益繁荣、全国各地区之间贸易往来日趋频繁的需要。

鸦片战争以后，在外国资本主义经济侵略的刺激下，沿海通商口岸地区贸易兴盛，工业发展，由此推动了金融业的进步，近代银行业有了较快的发展。而西北由于交通不便，受外国经济侵略影响不大，加之本身经济落后，金融业也长期处于停滞状态。这是中国近代化过程中表现出来的一个突出特征。

第一节 旧式金融机构在封建经济
体系中的地位和作用

一 清代商品经济的繁荣与发展

中国封建社会的最基本特征是自然经济占统治地位，但商品经济也在发展。中国自 17 世纪中叶清王朝建立后，从顺治到乾隆约一百年的时间中，统治者通过减免赋税、改善税制和兴修水利等经济措施，缓和民族之间和阶级之间的矛盾，社会生产力逐渐从长期战争破坏中走上恢复和发展的道路。随着社会生产力的提高和社会分工的发展，商品经济日趋活跃：棉花、烟草、蓝靛等经济作物作为商品投入市场，农产品的商品化有了进一步的发展，手工业中带有资本主义性质的手工作坊和手工工场不断增多。赋税征银与货币地租的出现，一定程度上减轻了农民对地主的人身依附关系，使农民的自主性和社会地位有所提高，同时促进了货币经济的进一步发展。

适应商业性农业和私营手工业及采炼业的发展，许多工商业城镇纷纷兴起，河南朱仙镇、江西景德镇、湖北汉口镇、广东佛山镇被时人称为"天下四大镇"。此外，江苏、嘉兴、湖南、杭州一带因为丝织业发达，中小城镇和农村集市也得到了进一步的发展。农民与市场的联系日益紧密，自然经济逐步瓦解。伴随着商品交换的繁荣和市场的扩大，出现了更多和规模更大的商业会馆和地域性商帮，当时驰名的有山西的晋商和安徽的徽商两帮。

清代交通更加便利，成为长途贩运得以发展的有利条件。当时，国内水运线主要有贯穿南北的运河，贯穿东西的长江、黄河和珠江等水系。海禁大开以后，海路成为沿海商业活动的主要运输线，它与联络新疆、西藏和蒙古的各陆运线以及接通内地各大中城市的水陆交通线，共同构成了一个比较系统的国内交通运输网络，这极大地促进了全国统一市场的形成，扩大了商品的流通区域、交易总量及商业资本规模。而商业的繁荣和商业资本的增大，必然促进金融业的发展。

二　钱庄、账局、票号、典当等旧式金融机构的产生和成长

（一）钱庄

金融业是商品货币经济发展到一定阶段的必然产物。明代中叶以后，伴随着资本主义萌芽的发生和商品经济的发展，中国形成了银两与制钱并行的平行本位的货币制度，在商民中产生了银两与制钱的兑换需求，故在嘉靖至万历年间（1522—1619），中国产生了以兑换银钱为主要营生的钱庄。①

清代自康熙以后，商品经济有所发展。在商业比较发达的城市中，由于社会经济生活的需要，比较普遍地开设了钱庄。如北方经济中心北京，自康熙年间到道光十年（1830）以前，开设的钱铺有 389 家，商舶辐辏的江南上海，自乾隆五十一年（1786）至嘉庆二年（1797），也有钱庄 124 家。② 但在 18 世纪中叶，包括北京在内，各地钱庄的业务内容和活动范围都是非常狭小的，钱庄的职能还是以银钱兑换为主，其性质和作用不过是"货币经营业的最原始的形式"。

钱庄业务比较明显地出现变化，是在乾隆后期。与这一时期我国商品经济进一步发展相适应，钱庄逐渐在银钱兑换的基础上发展成为从事信贷活动的机构。标志钱庄信贷功能发展的是钱票的使用和流通。钱票是由钱庄银号等信用机构发行的一种信用票据。使用钱票的地区主要是在我国北方各省，如山西、直隶、陕西和山东等地。这是因

---

① 黄鉴晖：《山西票号史》，山西经济出版社 2002 年版，第 1 页。
② 张国辉：《晚清钱庄和票号研究》，中华书局 1989 年版，第 1 页。

为："西北诸省陆路多而水路少，商民交易，势不能尽用银两；现银至十千以上，即须马驮车载，自不若钱票有取携之便，无盘运之烦……甚便于民。"

偏处西北地区的陕西省，商品经济虽然比较落后，在这里也同样流通着钱票。据陕西巡抚富呢扬阿在道光十八年（1838）称：省内各地由于经济发展水平不同，使用钱票的情况也有较大的差别。陕西省一般州县"地脊民贫，商贾稀少，以使用现钱者为多"，但"汉中、兴安两府，铺户较多，间有行用钱票者，亦因换钱数多，不便负载，付以票据，以凭取用，与现钱交易无异，尚无大弊"，至于省会西安并凤翔、同州三府属，"烟户既多，商贾亦众，其始使用钱票，只为便于携带"。① 陕西巡抚所反映的内容生动地说明了信用货币和商品经济发展的密切关系，同时也比较清楚地叙述了钱票产生的客观过程。

东南沿海地区如江苏、浙江、福建、广东各省，18 世纪时因中外贸易活动频繁，习用洋钱。故在乾嘉以后，中国除流通银两、铜钱货币以外，还出现过一个"北票南洋"的货币市场。

即使在东南沿海各省，也未因使用洋钱的方便而排斥钱庄签发的钱票。据记载，江苏常熟地区在乾隆四十年（1775）便已广泛使用钱票。江苏省在由商业交往而发生的货币清算上，一向是纹银、洋钱和钱票三者并用的。两江总督陶澍就其所辖的江苏、安徽、江西各省行使钱票的情况称："江南全省，通商大贾，皆以银易换洋钱，零星贸易，始以银易换制钱"，为了"便于携取"，便有以银"更

---

① 张国辉：《晚清钱庄和票号研究》，中华书局 1989 年版，第 9 页。

换钱票"，这种钱票"皆系本店所出，票到即行发钱，与现钱无异"。①

　　另外，需要着重指出的是，隶属于两江地区的上海，它的金融状况虽有与沿海各城市相同之处，却也有它自身的特点。上海钱庄的数量和规模都较内地各省为大。根据现存碑刻史料记载，到乾隆四十一年（1776），上海已设立了钱业公所。这说明上海银钱业的发展已达到了相当的水平。

　　上海钱庄开始使用庄票的时间在乾隆二十年（1755）前后，据道光二十一年（1841）上海县的一则告示中称："钱庄生意或买卖豆、麦、花、布，皆凭银票往来，或到期转换，或收划银钱。"这则告示反映出在1841年以前相当长的时期内，上海不仅商品的交换已经可以通过钱庄签发的票据成交，而且债权债务关系的清理也可以通过钱庄庄票，"到期转换，收划银钱"，相互抵消。凡此种种，反映了上海银钱业在信贷上所达到的水平，远较沿海其他城市和内地城镇的信贷水平高。

　　（二）账局

　　明末清初，伴随着商品生产的扩大，工商业又有了进一步的发展，特别是那些从事南货北运和北货南运长途贩运贸易的商人，开始遇到自有资本与经营所需资本不平衡的矛盾。为了解决工商业经营资本困难问题，工商业创造了"汇票"这一主要的商业信用形式，解决自己的资本困难。明末清初的工商汇票尽管也为他人汇兑或拨兑银两，但它主要是适应商品经济发展过程中商业信用的发生而产

---

① 张国辉：《晚清钱庄和票号研究》，中华书局1989年版，第11页。

生的，具有很大的局限性。一是从其发生者的关系上看，多限于同乡里的家族亲戚、朋友之间；二是商业信用尽管可以解决某些企业临时调节资本的困难，使其资本困难一时得到缓解，但并不能使工商业经营资本总量有所增加。于是，在清雍正、乾隆年间（1723—1795），产生了以经营工商业存款和放款为主的货币经营业——账局。

账局主要分布在我国北京、天津、张家口、太原、多伦等北方商业城市。当时，经营账局的基本上都是山西商人。账局的业务以对工商业者开展存放资金为主，设在北京的账局还兼营对候选官吏发放贷款。

当时，北京既是国家都城，又是全国经济中心和北方地区最大的区域性商业都市，在与沙俄的对外贸易中占有一定地位。张家口地处中俄恰克图贸易和中蒙贸易的要冲，华商在从江南采购棉花、绸缎、茶叶等物贩运至蒙古各部落或恰克图进行换货贸易时，往返路程数千里，商品流转期大大延长，资本占用多且周转缓慢，自有资本与经营所需资本矛盾突出。而山西商人在北京和张家口一带最有势力，洞察到这种资金借贷的巨大需求之后，便从商业资本中游离出一部分资本，开设账局，经营工商业存放款业务。

账局产生后，在为工商业融通资本方面发挥了重要作用。可是，由于不经营汇兑业务以及未与商业资本完全脱离等缺陷，分布区域不广，资本规模不大，直至清末，每家平均资本只有2万多两白银。

（三）票号

清康熙、乾隆年间是中国商品经济发展的一个鼎盛时期。乾隆后半期到嘉庆年间，国内国际贸易的发展引起埠际货币流通量增大和频繁。原先起镖远现的货币清算方式费时又耗资，加之社会不安定，工商业普遍而迫切地要求改变运送现银的方式为划拨清算方式。民信局从嘉庆、道光年间发生后，为商民通信提供了便利，更为经营埠际汇兑业务所需传递的汇票信用提供了客观前提。

票号是清代乾隆、嘉庆年间（1736—1820）由一般商号兼营汇兑，而发展到专营汇兑的封建性金融机构。第一家票号是由日升昌颜料行改组的日升昌票号。票号的诞生，节省了长途运送和押解现银的麻烦及耗费，极大地方便了地区之间的资金调拨和流动，加快了全国统一市场的形成。山西票号产生后的十年间，即在 18 世纪 20 年代，就已经在北京、天津、张家口、平遥、西安、重庆、开封、苏州等商业城市设立分号，构成了一个以汇兑为主而以存放款为辅的金融体系。

在票号产生的最初阶段，经营者几乎都是山西商人，特别以该省平遥、太谷和祁县三地的商人为主。其分号遍及全国大江南北各商业重镇，势力最盛时曾于海外如日本、新加坡等国设立分号。到 19 世纪 50 年代末，"各票号已经发展到 15 家之多，分支机构辐射到全国 28 个城镇中，基本上沟通了当时全国主要工商业城镇的款项汇兑，并首先在南、北商业交易的货币清算范围，实现了由汇兑代替运现的奇迹"。[①]

一般来说，票号的势力以黄河流域为基地，兼及长江流域一带；其营业范围包括汇兑、存款、放款、贴现、信托等。光绪年间，票号全盛时期，全国票号除总号外，分号共 414 家，分布于 21 个行省及蒙古、新疆等地方。票号

---

① 史若民：《票商兴衰史》，中国经济出版社 1998 年版，第 147 页。

汇兑业务最盛的年份，在光绪二十八年至三十二年间（1902—1906），每年汇款总额达 1000 万两，多的达 2000 万两左右。它们的存款，则以官款为大宗，包括税项、运饷、协饷、丁漕等，这些官款皆不计利；私人存款则主要为官吏宦囊及绅富私蓄，每年付息也仅二三厘。①

作为为封建商业资本服务的重要旧式金融机构，票号的封建色彩十分浓厚。它们多为合资组织，也有独资经营的，对资金皆有无限责任。其组织形式采取分支机构制，大小几十号联合成一个系统。山西票号的汇兑业务分票汇和信汇两种。票汇，是指用汇票形式办理汇款的一种方式。票汇又分为即票和期票两种。即票是见票兑付，期票是约定付款期。若期票兑付期未到而客户急需用款，票号允许提前兑付，但需扣除相应的利息。票号把这种做法叫作"认利预兑"，实际上就是票据贴现业务。

（四）典当业

典当业是一种商业性和金融性兼具的双栖性行业。典当业的主要业务是面向城乡一般平民居户，经营小额抵押贷款。它适应了广大贫苦人民适逢农时、婚嫁、丧葬、疾患等急需或意外支出，而自身又无力置款的情况下，对资金的迫切需求，并为之提供了一条可靠又便捷的融资渠道。对于满足平民的日常生活流动款项不足，接济度日，客观上起了济急便民的作用；同时，对维持农业、小手工业及劳动力的简单再生产，也发挥着一定的调剂金融的作用。这是典当业的金融性质之所在。典当业的放款是有一定的当期期限的，对逾期不赎的满当物品，当铺有全权处理权，

---

① 萧清：《中国近代货币金融史简编》，山西人民出版社 1987 年版，第 53 页。

可做销售或拍卖处理，这是当铺的商业性之所指。

进入清代后，典当业得到了进一步发展，开始形成民当、官当和皇当三足鼎立的局面。民当是指由地主、商人出资开设经营之民办当铺。官当和皇当均属官办当铺，官当又有官僚自营与政府投资两种形式。清代官当数量十分庞大，几乎遍及全国。如甘肃提督刘杜明等在甘肃全境竟然开设了"官当93处"。皇当是指皇室或皇帝拥有和出资开设的当铺，乃清廷独创，为历朝所仅见。作为清王朝统一安排宫廷财政的手段，皇当在当时具有最高官方金融机构的地位，对维护和加强清王朝统治发挥了不可替代的作用。

近代典当业在城乡之间的地域分布是不平衡的，总体来说，有集中于都市的趋向，但是，乡当额往往又远大于城当额。典当业在农民借贷来源中所占的比重，据实业部农业实验所农业经济科在 1934 年 11 月发表的《各省农村金融调查》显示，新式金融机关仅占 2.4%，合作社占 2.5%，钱庄占 5.5%，典当占 8.8%，商店占 13.1%，而对于富农、地主和商人三者的私人借款合计共占 67.7%。由上可知，典当业在农村金融机构中的地位仅次于商店，在活跃农村金融、支持农村建设方面尤其占有举足轻重的地位。

三 旧式金融机构在封建经济体系中发挥的作用及其主要缺陷

钱庄是我国从事货币兑换业务的金融机构，它通过从事货币的兑换、收付、登记、保管、银元宝铸造等纯技术性业务，以及签发银钱票等，为社会经济的发展、工商业的交易和人们生活提供了便利，成为经济生活中不可缺少的部门。

票号的成立，使我国货币清算制度发生了深刻的变化，即由以运送现银为主的清算方式，逐渐过渡到以汇兑为主的清算方式，标志着我国汇兑制度的建立和成熟。货币清算方式的变革，极大地便利了埠际贸易活动的开展，节约了社会劳动，有利于社会生产力和商品经济的发展。

钱庄和票号，作为为封建商业资本服务的旧式金融机构，以固守用银习惯为其经营特点。19 世纪 70 年代，初步发展的中国资本主义工业对中国金融业迫切地提出了筹放大额资金的要求。但是，传统金融业在组织形式和营业方针上抱残守缺、因循守旧，越来越落后于时代的需求。如钱庄多数是独资或合伙组织，资金不如股份公司雄厚；钱庄依靠个人社会关系进行无抵押放款，缺乏信用调查，便不敢无限扩大放款，所以，只能适用于极狭小的营业范围，加上钱庄本身的对外不公开营业状况等保守性营业习惯，限制了钱庄自身业务规模的扩大，远远不能满足产业资本家活动的需要。相形之下，外国在华银行以其雄厚的资力，打击了本地传统金融机构的营业，垄断了中国的国际汇兑权，并借机控制了中国的铁路、采矿等事业，掌握了对中国财政的支配权。

第二节　鸦片战争以后中国近代
金融业的产生与发展

一　以上海为主要据点的外国在华银行的设立及其活动

五口通商以后，为资本主义商品输出服务的外国近代银行，随即陆续来华设立。1845 年，英国丽如银行在广州设立分行，这是设立在中国的第一家外国银行。随着上海作为国内最大的内外贸易口岸地位的确立，1847 年，丽如银行进入上海。到 1870 年，各口岸租界内的外资银行分支机构已达到 42 个。至 1894 年，共设立外资银行 14 家，其中，英国 9 家，法国 2 家，德国 2 家，日本 1 家，均集中于沿海通商口岸，详见表 1－1。

表 1－1　　　　　1845—1894 年 14 家外商银行在华设立情况

行名	国别	设立时间及城市	歇业或倒闭
丽如银行	英	1845 年，香港；1847 年，上海	1884 年歇业
有利银行	英	1854 年，上海	1882 年改组
麦加利银行	英	1858 年，上海	
汇隆银行	英	1851 年，广州；1854 年，上海	1866 年倒闭
阿加利银行	英	1854 年，广州	1866 年倒闭
汇川银行	英		1866 年倒闭
法兰西银行	法	1863 年，上海	1889 年歇业
汇丰银行	英	1864 年，香港；1865 年，上海	
德意志银行	德	1872 年，上海	1875 年倒闭
德华银行	德	1889 年，上海	
惠通银行	英	1890 年，上海	1902 年倒闭
中华汇理银行	英	1892 年，上海	1911 年歇业
横滨正金银行	日	1893 年，上海	
东方汇理银行	法	1894 年，香港；1899 年，上海	

资料来源：黄鉴晖：《山西票号史》，山西经济出版社 2002 年版，第 214 页。

表 1－1 显示，外国在华银行的据点密集于上海。在被列举的 14 家外国银行中，有 12 家无一例外地将银行选址

定在了上海。绝大多数外国在华银行也都选择了上海为其经营活动场所。这背后是有深刻的原因的。不可否认，这首先与当时上海作为全国主要的通商口岸即在全国内外贸易中所占的地位是有很大干系的。其次，也与上海优越的地理位置以及四通八达的交通便利有关系。

外国在华银行的经营活动，主要表现在以下几个方面：

（1）垄断国际汇兑；

（2）发行钞票；吸收存款，低利资助外国在华企业；

（3）经手政治借款，控制中国财政；

（4）经手铁路借款和币制实业借款；

（5）经营房地产和加强对产业直接投资或贷款。

清政府和北洋政府用于对外赔款和军事行政开支的款项有相当一部分是向外国银行的政治借款。甲午战争以前，清政府举借的约 5263 万元外债中，外国银行经手的占 74%。甲午战争后，大规模的政府借款主要有：对日赔偿战费和赎辽费而引起的大借款、庚子赔款转成的借款、善后大借款和西原借款。1894—1926 年，清政府及北洋政府举借外债 29.4 亿元，其中，70% 即约 21 亿元是经由外国银行承借的。[①] 外国在华银行经营政治借款，不仅使自己得到超额利润，而且通过经办借款和赔款，迫使清政府用关税、盐税收入为担保，由此攫取了中国关税的征解、保管权力，加强了对中国财政的控制。

1874 年，汇丰银行开始第一笔单独贷给清政府台湾海防大臣沈葆桢"福建台防借款" 200 万两库银，期限 10

---

① 赵德馨等：《中国近代国民经济教程》，高等教育出版社 1988 年版，第 163—164 页。

年，年息八厘。1877—1881 年，汇丰银行连续三次贷给清政府陕甘总督左宗棠的"西征借款"，共 1075 万两。这 3 笔借款均由上海著名的买办商人胡光墉居间经手。汇丰银行贷出的利息为年息一分或八厘，其中，两笔由于经手人的从中渔利，清政府实际支付月息 12.5%，合年息 15%。中法战争期间，汇丰银行又贷给清政府借款 7 笔，共 1173 万余两。1874—1890 年，清政府共借外债 26 笔，总额 4136 万两，汇丰银行一家贷了 17 笔，金额 2897 万两，占 70.04%。

1894—1911 年，外国银行与清政府协定的"铁路借款"，共有 28 项，其中主要有芦汉铁路借款和湖广铁路借款。芦汉铁路借款由比利时银团承借，总额为 450 万英镑，年利率 4.4%，折扣 90%。湖广铁路借款总额 600 万英镑，借款及材料供给以及佣金，由美国、英国、法国和德国四国银团平均分配。外国银行在华银行经手铁路借款，使帝国主义各国攫取了中国铁路的勘查权、修筑权、管理权。

美国银团、英国汇丰银行、德资德华银行、法资东方汇理银行还平均分揽了 1911 年 4 月在北京签订的币制实业借款。通过这次借款，美国、英国、法国和德国四国获得了参与中国币制改革和对东三省进行农垦、畜牧、森林、矿产资源开发的特权。

经营房地产既是外国在华银行资金运用的一个重要方面，又是它们的一种重要掠夺手段。在上海，没有一家外国银行不进行房地产投机，没有一家外国房地产公司投机活动不以外资银行为后台。1902 年，外国银行在上海的房地产投资为 5000 万美元，1914 年剧增为 13500 万美元。

外国在华银行还大力进行产业资本输出，直接插手中国的工矿、交通运输事业。汉冶萍公司是亚洲最早的大型钢铁联合公司，日本为了使它与日本"制铁所的关系更加巩固"，以便长远侵占和掠夺中国的钢铁资源，多次以借款的形式插足该企业。1904—1927 年，日本兴业银行、横滨正金银行等对该企业的贷款分别达 4200 余万日元和 5200 余万日元，终于控制了该企业，将其变为日本钢铁业的原料基地。1895—1926 年的 31 年间，外国银行对中国工矿、交通业的直接投资由不到 5 亿元上升到 25 亿元左右，增加了 4 倍。[①]

外国在华银行正是借助以上种种侵略性的活动，把旧中国的金融、财政命脉掌握在自己手里，在金融上、财政上扼住了中国的咽喉。

二 钱庄在鸦片战争后的性质变化及其买办化经营

上海开埠后，外国企业为了推销洋货，到 19 世纪五六十年代时，逐渐普遍接受钱庄庄票结算货款，而 70 年代初，外国银行又允许钱庄开出庄票为担保，直接向它们发放稍低于市场利息率的贷款。钱庄因获得外国银行这一拆借款项的支持，资金营运能力大为充实和加强。这不但在上海各地，使钱庄在洋行与中国土产商、洋货批发商间的地位加强了，也使上海钱庄更有力量加强与内地钱庄的联系和资金支持，它们通过相互间的代理关系，使钱庄脉络遍布各省大小城镇，资金到处可以通汇。上海钱庄兑付内地钱庄的汇票，便利商人来沪采购洋货；上海钱庄更可直接开出"申票"，即在上海付款的汇票，使上海商人持其向

① 赵德馨等：《中国近代国民经济教程》，高等教育出版社 1988 年版，第 165 页。

内地采购土产品。外国资本就这样借助钱庄与商业资本的密切联系，使它们的侵略势力从中国的通商都市一直深入到穷乡僻壤。

19 世纪 70 年代之后，外国银行的信用放款开始成为钱庄营运资金的重要来源之一。到 1873 年，这种贷款已达到 300 余万两，进入 19 世纪 90 年代以后，更是增加至 700 万—800 万两。这样一来，钱庄对外国银行资金融通的依赖日益加深，外国银行也因此加强了对钱庄的控制。只要外国银行稍微把贷款紧缩一下，或不收受庄票，钱庄就会感到资金周转失灵。

钱庄在中外贸易活动中的作用，主要在于它给予进出口商人以信用便利，协助洋行推销洋货，搜罗土特产。钱庄进行这种活动的信用手段，在口岸本地是庄票，在口岸与内地之间是汇票。汇票是钱庄对于委托汇款者所签发的汇款支付书，亦即是收款人收取款项的凭证。它的作用在于调度不同地区间的资金流动。在汇款的方式上，钱庄采取同业往来制，即委托异地的同业辗转办理汇解。上海的钱庄在上海附近的大城市都有往来的联号，在没有联号的地区则委托票号汇解。

19 世纪 70 年代初叶的统计表明：上海本地所消费的洋货只不过占进口洋货总额的 20% 左右，其余 80% 左右都是转口销往内地去的。详见表 1 – 2。

表 1 – 2 显示，1870 年经由上海地区输入的外国商品转口商品比例达到 77.26%，1871 年这一比例为 74.32%，1872 年这一比例又攀升了接近 8 个百分点，达到 82.31%。概括地说，上海本地消费和转口商品的比例接近 1:4。这说明了两个方面的问题：

其一，从表面上看，正是大量外国商品在此聚散的现象奠定和加强了上海作为外国开辟的主要通商口岸地位的确立的基础。

其二，从长远影响来说，上海钱庄汇票业务的发展和经营范围的扩展是服务于外商的推销洋货的需要而发展的。

表 1 - 2　　　　　上海地区外国商品的输入和消费

（1870—1872 年）　　　　　单位：两

外国商品	1870 年	比例（%）	1871 年	比例（%）	1872 年	比例（%）
进口	52453448	100.00	57469457	100.00	57062288	100.00
转口	40524559	77.26	42713641	74.32	46965869	82.31
本地消费	11928889	22.74	14755816	25.68	10096419	17.69

资料来源：张国辉：《晚清钱庄和票号研究》，中华书局 1989 年版，第 66 页。

19 世纪下半期，由上海转口到内地去的有 3 个重要商埠：镇江、宁波和汉口。货物到了这些城市，还要再逐级往下运销。镇江的要推销到苏北、皖北、山东、河南等地；宁波的要转到绍兴、金华以至江西的玉山、安徽的徽州；汉口是转销去西南地区的必经之道。宁波和汉口，虽然由不平等条约规定开辟为通商口岸，但进出口货物很少直接运入和输出，它们仍然是上海的转运码头。

上海钱庄还广泛地利用"申票"，即在上海付款的汇票。上海商人赴内地采购土产时，他可以既不带现款，也不必汇款，只要带着这种申票，交给当地经营土产的商号，就可使贸易成交。土产商号又将申票售给当地钱庄，当地钱庄收到这种申票后，又很快地将申票加上一定的手续费卖给商人赴沪采购货物，或者将申票邮寄到上海有往来的钱庄，抵付它前一时的透支或欠款。这种申票在国内金融周转上占有相当重要的地位。

总之，19世纪下半叶，钱庄的加快发展，对中国资本主义经济的发展具有积极影响，在中国近代化过程中发挥了金融枢纽的作用，成为新型社会经济体系中不可缺少的一个重要环节。钱庄在经营活动方面的种种变化，不能不影响到钱庄性质的变异，这就是买办性与民族资本主义性质的合流。买办性是指钱庄服务于外国洋行进出口贸易的需要，沦为帝国主义对华经济侵略的工具和帮凶；资本主义性质可以理解为外国商品向广袤内地市场的扩散，促进和增长了内地商品经济关系的发展，对旧有的封建经济结构起着冲击作用。廉价的外国商品的输入，意味着中国小农经济和家庭手工业相结合的基础遭到破坏。在这个破坏过程中，大量的农民、手工业者与其原有的生产资料相分离，逐步沦为自由劳动者，为资本主义经济关系的产生和发展准备了客观条件。

三　近代中国新式银行产生的历史背景及其初步发展

（一）中国新式银行诞生的历史条件

从1845年英国在中国设立第一家银行起，外国银行就从事对中国的侵略活动，它们享有发行银行券的特权，决定外汇利率和利息率，垄断中国的国际汇兑，操纵中国的金融市场，控制中国的对外贸易，最终掌握了中国的财政、金融和经济命脉。这刺激了一切有觉悟和爱国的有识之士为民族银行业的振兴奋起而争之。

19世纪80年代以后，中国的近代工业开始有了初步发展，内地货币财富向各沿海口岸集中，社会货币资本有了一定的积累。随着民族企业的初步发展和受交通日益便利的影响，商品流通范围不断扩大，迫切要求专门的新式信用机构来对资金加以筹集、调度，以适应社会化生产的需要，实现货币资本的社会化。

另外，甲午战败后的巨额赔款和庚子赔款使清政府财政陷入破产的境地，解决清政府财政上的困难也是这一时期银行兴起的重要原因。1905 年，清政府户部《奏请试办银行折》说："要统一铸造货币，发行纸币，必须有银行为之操纵，始能运行无阻。"这充分反映了随着货币流通量的增加而有开设银行的客观需求。

（二）中国近代银行业的产生与初步发展

1897 年，中国通商银行的设立，宣告了中国近代第一家新式银行的诞生。从此之后，中国新式银行在长期的历史发展过程中，逐步健全和完善内部管理体制及经营方式，进行异地汇兑，承办结算业务，在对民族工商业的放款和直接投资资本主义工商业、与产业资本融合生长的过程中，发挥着其力所能及的支持和扶助作用，对于加快工商业资本的周转速度，具有一定的积极意义。

中国通商银行开办时，招商股 500 万两，实收 250 万两，并商借度支部库银 100 万两，所借银两，于光绪二十八年（1902）如约还清，而实收资本中，招商局 80 万两、电报局投资 20 万两不久也都转作私人资本，因而中国通商银行就成为一家私人商业银行。中国通商银行总行于光绪二十三年（1897）在上海正式开业以后，又先后在各地，如天津、汉口、广州、烟台、北京等处设立了分支行，它除经营一般商业银行的业务外，也获有发行钞票的权力。

光绪三十年（1904），清政府户部经奏准设立了户部银行，资本银400万两，由户部认购一半，其余200万两招商入股。1906年9月，户部改为度支部，1908年，度支部奏改户部银行为大清银行，并增添资本600万两，仍由户部认购一半，余皆招商入股。它的营业范围，除经营一般银行业务外，还有发行钞票、代理部库、代募公债等权力。大清银行总行设立在北京，分支行则遍设各省，是带有国家银行性质的银行。

光绪三十三年（1907），邮传部也奏请设立了交通银行，资本500万两，官股四成，商股六成，宗旨定为振兴轮船、铁路、电力、邮电四政，并规定将轮船、铁路、电力、邮电各局存款改由该行经理，总行设在北京。交通银行是一所官商合办的银行，除经营一般银行业务外，也有发行钞票的权力。

据不完全统计，1897—1911年，先后共设立了新式银行十余家，截至辛亥革命时，主要银行除上述三家外，尚有浙江兴业银行、四明商业储蓄银行、北洋保商银行、殖业银行等商业银行以及浚川源银行、直隶省银行等少数几家省地方银行。具体情况如表1-3所示。

表1-3显示，被列举的17家新式银行中，2家为官商合办银行，8家为商办银行，7家为官办性质的新式银行。其中，5家汇集于当时的政治中心北平。此外，各省地方银行全是官办性质，而且其前身多为由官银钱局改组而来。

辛亥革命以后，大清银行改组为中国银行，根据财政部1913年4月新订的《中国银行则例》，规定享有代理国库、经理和募集公债、特准发行钞票、铸造银币等权力，虽无中央银行名义，但已是事实上的国家的中央银行。原

由清邮传部奏请设立的交通银行，交通部于 1914 年 3 月另
呈颁《交通银行则例》，规定该行不仅经营铁路、电力、邮
电、航空四项款项，并得"受政府之委托经理国库"，"受
政府特许，发行兑换券"等，因而也成为具有国家银行性
质的银行。

表 1 – 3　　　　　　　　1896—1911 年设立银行统计

设立年份	银行名称	总行所在地	经营性质	备注
1897	中国通商银行	上海	商办	
1904	户部银行	北平	官商合办	1908 年改为大清银行
1905	浚川源银行*	成都	官办	
1906	信成银行	北平	商办	
1907	浙江兴业银行	上海	官办	浙江铁路公司创办按官办对待
1907	北京储蓄银行	北平	商办	
1908	交通银行	北平	官商合办	
1908	四明商业储蓄银行	上海	商办	
1908	信义银行	镇江	商办	有的说 1906 年设立
1908	裕商银行	未详	商办	
1909	贵州银行*	未详	官办	由官银钱局改组为省行
1909	浙江银行*	杭州	官办	同上
1910	广西省银行*	未详	官办	同上
1910	直隶省银行*	天津	官办	同上
1910	北洋保商银行	北平	商办	
1911	殖业银行	天津	商办	
1911	福建银行*	福建	官办	由官银钱局改组为省行

　　原注：*表示属省地方银行。

　　资料来源：魏永理：《中国近代经济史纲》上册，甘肃人民出版社 1983 年
版，第 443 页。

1914—1921 年，全国新增新式银行 94 家，其中，包括著名的 5 家银行：1915 年设立的上海商业储蓄银行和盐业银行，1917 年设立的金城银行，1919 年设立的大陆银行，1921 年设立的中南银行，并逐渐形成了"南三行"、"北四行"等银行集团。"南三行"即上海银行、浙江实业银行与浙江兴业银行，投资者系江浙金融资本家。盐业银行、金城银行、中南银行、大陆银行"北四行"是操纵华北金融业的资本集团。商办银行的增加是银行业发展的明显标志，银行集团的出现表明中国银行业向垄断迈进。

在这一时期，银行业发展的另一个突出特点是银行分布不合理。1925 年，全国 141 家银行中，从地区分布来看，有 44 家集中在江苏，37 家集中在河北；从城市分布来看，有 33 家集中于作为全国金融中心的上海，23 家集中在北洋政府所在地——北京。[①]

第三节　西北近代金融业的产生和发展

一　鸦片战争后西北地区的历史环境

法国著名的启蒙思想家孟德斯鸠在《论法的精神》中提出了无论是人的性情还是人类再生产的速度抑或一个国家的整个社会经济状况和婚姻结构都受到地理因素的决定性影响，也就是"地理因素说"。无独有偶，美国学者约翰·惠特尼·霍尔在《日本史》中也肯定了地理因素对于农耕文明和生活方式、文化环境包括生产方式的决定性影

---

① 赵德馨等：《中国近代国民经济教程》，高等教育出版社 1988 年版，第 175 页。

响。地理环境被视为决定一个国家或地区社会发展全局的首要因素。

地理环境是指一个国家所处的地理位置和自然状况，包括地形、地貌、气候、土壤、水系、矿藏甚至人种等自然构成。地理环境是人类生存的"摇篮"。西北地区地处祖国的边陲，自然条件恶劣，区内多崇山峻岭，沟壑遍布，交通不便，运输困难，区内贸易由于受天堑险道的阻隔，商品流通量也受到相当的限制。鸦片战争前，西北地区由于历史上的原因，经济发展水平远远落后于东南沿海地区。鸦片战争后，西北地区受到资本主义倾销商品的影响也较小，因而仍然继续保有自然经济占统治地位的社会条件下所表现出来的浓厚的封建性和落后性。

19 世纪 60 年代，在太平天国运动和川滇农民起义的影响下，陕甘回民也掀起了反清武装斗争，并同西捻军张宗禹形成"捻回合势"的局面。陕甘回民起义震撼了清王朝在西北的统治，清政府于 1866 年委任左宗棠为陕甘总督，左率湘军围剿镇压了回民起义军。1865 年以后，中亚浩汗国军官阿古柏侵入新疆，很快占领了南疆全部和北疆大部，成为英俄分裂新疆的工具。1875 年，清政府任命左宗棠为钦差大臣，出兵平息阿古柏叛乱，收复沙俄侵占的伊犁河谷。

由于长期战争的影响，西北地区社会生产力遭到严重破坏，人口剧减，经济凋敝。正如左宗棠所说："陇中寒苦荒俭，地方数千里，不及东南一富郡。新疆南北两路夙号腴区，从未经理……"①

---

① 魏永理、李宗植、张寿彭：《中国西北近代开发史》，甘肃人民出版社1993年版，第1页。

1851 年 7 月 20 日，沙俄代表科瓦列夫斯基与中国代表伊犁将军奕山、参赞大臣布彦泰开始在伊犁谈判通商问题。经反复折冲，双方于 1851 年 8 月 6 日签订了《伊犁塔尔巴哈台通商章程》，这是沙俄强迫清政府签订的侵略新疆的第一个不平等条约。通过该项条约，俄商取得了在新疆通商免税的特权。1852 年春，伊犁、塔尔巴哈台正式通商。当时，中国最主要的输出商品是各种茶叶，沙俄则向中国新疆地区输出棉制品、呢绒、皮革和金属制品等。《伊犁塔尔巴哈台通商章程》签订后，沙俄即凭借条约中攫取的特权，在伊犁、塔城两地建屋居住，划地建成了所谓的"贸易圈"，这实际上是沙俄在中国新疆地区划定的"租界"。

第二次鸦片战争后，1860 年 11 月 14 日，沙俄又强迫清政府签订了《中俄北京条约》，其中第六条规定，中国对沙俄开放喀什噶尔等地，准许俄商按 1851 年《伊塔通商章程》从事贸易。这三地新疆通商口岸的开辟，打开了俄国由陆路通往我国内地从事贸易的门户，为俄国加强对我国西北地区的贸易掠夺和殖民侵略准备了条件。到 19 世纪末时，新疆成为俄国掠夺工业原料和推销工业制成品的重要场所。

从 19 世纪 70 年代起，外国列强通过两次鸦片战争，取得了在中国政治、经济上的种种特权，英国、俄国等国的经济侵略势力开始进入甘肃、宁夏、青海。特别是沙俄在嘉峪关设领事馆，取得从嘉峪关前往汉口进行贸易的特权后，就更方便了外国商品对甘肃、宁夏、青海的大量输入和从这里购买各种原料出口。到 20 世纪最初十年，帝国主义经济侵略势力在西北地区已大大加强，因而"洋货畅行，运甘销售者日增月盛"。毛纺织品、布匹、火柴、烟、糖等洋货在甘肃、宁夏、青海许多地方的输入量成倍增长。

据《陇右记实录》记载，清朝最后几年，仅大呢一项，"各国每年输进骤加数倍，其价亦较前倍昂"。

20世纪初，帝国主义已在甘肃、宁夏、青海等地设立洋行。如青海，"自公元1900年至公元1905年，仅在西宁城内的观门街、石坡街一带，就出现了英商仁记、新泰、瑞记、聚立、平和、礼和等洋行。丹噶尔（今湟源县）也有外商洋行十余家，规模较大者为英商新泰兴、仁吉、怡和、美商平和、德商美最时、俄商瓦利等家。"帝国主义洋行主要从事皮毛、烟草、名贵药材、肠衣、猪鬃等的收购活动。帝国主义洋行在甘肃、宁夏、青海等地的设立及其收购皮毛等农畜土特产品的活动，促进了西北地区农、畜产品的商品化过程，加速了自然经济的分解，有利于商品经济的成长。

1884年新疆建省后，清政府从行政上加强了对于新疆地方的监管力度。西北地区迎来了有利于经济建设正常发展的相对和平稳定的政治经济环境。与此同时，随着外国资本主义势力逐渐侵入内地，西北地区的商品经济也有一定程度的发展。西北地区的商业经营范围在不断扩大。这主要表现在商业规模的扩大与输出入商品的增加。以陕西省为例，随着近代农产品商品化的发展，陕西逐步成为西北地区重要的产棉区，外销棉花的数量不断增加。1897年，由泾阳外运的棉花为53.3万斤，1906年增长到150万斤。总之，鸦片战争以后，不断发展的商品经济为西北近代金融业的产生创造了条件。

二　鸦片战争后西北地区旧式金融机构——钱庄、票号和官银钱局——的经营状况及其嬗变

（一）钱庄的经营与发展变化

钱庄的存在和发展同各地商品经济的发展程度是一种

正相关关系。1912 年，据《第一次农商统计表》上卷载，全国钱庄资本为 7509.9 万元，其中，湖南、奉天、直隶、江苏、浙江、山东六省最多，占全部资本的 74.14%，其余 16 个省只占 25.86%，其中，陕西 172.8 万元，甘肃 19.5 万元，新疆 55.3 万元，直隶 673.1 万元，江苏 342.2 万元，浙江 337.7 万元，山东 433.8 万元，奉天 641 万元。[①]由此可见，西北钱庄的实力远不如东南各省。

西北钱庄业全貌虽不可得，然"窥一斑而知全豹"。西安钱庄业与兰州钱庄业在西北地区钱庄业的发展历史中具有较强的典型性和代表性。兹以西安钱庄业与兰州钱庄业的发展及门类来说明西北地区旧式金融机构在鸦片战争后的经营状况及其嬗变。

西安钱庄业在清代光绪年间计有 140 余家，主要从事银两、银元及制钱间之兑换，以及各地联号之汇兑暨存放款项，也有代公家收粮饷者。民国以后，以济丰厚商号为始作俑者，揽做汇兑，汇兑业务在钱业各庄业务中所占比重始呈上升之势。迨至民国二三年间，山西票号在陕西各地分号相继倒闭或改组为钱庄，钱庄的汇兑业务更渐发达。由于汇兑业获利丰厚，前景可观，北洋政府时期，许多钱庄纷纷设立，仅西安一地，钱庄就继续增加至二三百家。[②]

钱庄在兰州也称银号，主要从事铜钱与银锭之间的兑换。"各家资本总数不过白银二十多万两，资本最多的政德明也只有六千两。民国初年开办的义兴隆只有四千两，天福公只有五千两，到抗战开始，纸币贬值，才有将资本调

① 黄鉴晖：《中国银行业史》，山西经济出版社 1994 年版，第 63 页。
② 黎小苏：《陕西钱庄业之沿革及其现状》，《西北资源》1941 年第 1 卷第 5 期，第 8 页。

整至两三万元的。"①

兰州市钱庄，根据业务性质和组织关系的不同，分为门市钱庄、驻市钱庄和普通钱庄三个类型。门市钱庄规模较小，主要业务是兑换各种元辅币券，于一出一入之间收取贴水。驻市钱庄系外地钱庄在本地的办事机构，一般由本庄派员来兰州，寄寓当地商店，办理本庄与各联庄汇款之收解事宜，兼作放款与借款。驻市钱庄不参加当地钱行，普通钱庄则必须加入钱行缴入会费。驻市钱庄与当地商号的借贷关系一般均借助普通钱庄的势力，普通钱庄在其中居间调节。普通钱庄与门市钱庄的主要区别在于：普通钱庄不做兑换，以存放款及各地汇兑为主要业务，每日上汇市，不参加钱市，无铺面；门市钱庄则每日上钱市，不参加汇市，有铺面，专做兑换业务。

兰州"当时的钱庄、银号等还发行钱票（钱帖、庄票），在市面流通。一般客商可以凭票到所在地的银钱机构兑现。这种类似信用卡的钱票，为国内客商的交流，提供了极为便利的条件，对兰州地区和内地商业的发展起到了重要的作用"。②

甘肃钱庄除从事货币兑换和存放款业务外，还兼营商业。水烟、皮货、羊毛、驼毛及锁阳等名贵药材是甘肃的特产，为全国其他地区所稀有，因此颇受欢迎，历来为甘肃与其他地区对口贸易中出口的大宗商品。钱庄垂涎于土特产的地区差价带来的高额厚利，竞相以从事贸易买卖商品为副业。这种跨行业的多角化经营方式虽然可以使钱庄

① 马钟秀：《清末民初的兰州银钱业》，《甘肃文史资料选辑》第13辑，1964年版，第125页。

② 杨重琦、魏明孔：《兰州经济史》，兰州大学出版社1991年版，第143页。

分散单纯从事放款等的金融业务所产生的金融风险，但这也正反映了西北钱庄经营的落后性。

西北地区钱庄业与东南沿海通商口岸所在地的钱庄相比，具有如下特点：

第一，规模小，资本少，活动范围有限。据 1935 年统计，集中在兰州的 16 家钱庄，资本总额只有 23.3 万元，其中，资本最多者为 5 万元，最少者仅有 3000 元。[①] 据 1927 年调查，上海钱庄资本最少者为规银 2 万两，最多者为规银 36 万两。而资本之最普通者，即在规银 10 万两。[②]

第二，西北地区钱庄买办性较少，与沿海通商口岸如上海、汉口等地钱庄相比，具有更强的封建性。上海等地钱庄因与外国银行的业务往来关系密切，外国银行的拆款在其运营资本中占有相当大的比重，金融状况受到外国在华银行势力的控制，因而逐渐丧失了经营的自主性和独立发展的能力，具有明显的买办性。而西北地区钱庄除新疆省以外，缺乏与外国银行的直接联系，从整体而言，买办性极少。

第三，西北地区钱庄的存款来源比较单纯，主要来自各商号；而沿海商埠如上海钱庄的存款来源则包括银行存款、票号存款、外国银行拆款以及向银行领钞等。西北地区钱庄的放款也主要是贷给各商号，贷款利率很高，"利率一般一分五厘、二分，高至三分，间有六分以上者。汇款、汇水每千元 20—30 元。张掖、酒泉的汇兑，有时每千元收

---

① 张寿彭：《甘肃近代金融业的产生和发展》，《开发研究》1990 年第 4 期，第 62 页。

② 杨荫溥：《上海金融组织概要》，商务印书馆 1930 年版，第 34 页。

费 40—130 元，汇上海的据说有达 200 元。"① 由兰州汇往上海、天津的汇费每千两银子最高达 200 两。这充分显示了钱庄经营的高利贷性质。

第四，信用工具十分不发达。上海钱庄发行的庄票和申票是钱庄的重要流通手段；而西北地区"钱庄商号发出类似期票的票券，尚无所闻"，在 20 世纪二三十年代，甘肃省只有酒泉的天顺当、全德堂、万庆成等商号，发出过类似期票的油布钱钞，约 14000 串，在当地市场上流通。②

第五，西北地区从事各种货币兑换业的钱铺在钱业中占有重要的地位。当时，在西北地区金融市场上，货币种类繁多，比价异常混乱，钱铺就利用现银与制钱及铜元票、铜元和银元之间的兑换差额，巧取贴水赚取高额利润。沿海地区钱庄业因为票据和庄票的广泛流通及使用，节约了交易中所需的现银，因而零星的兑换业务在其业务种类中不占重要地位。上海钱庄营利的主要途径之一是从外国银元与上海"九八规元"的折合比价——"洋厘"的波动中获得利益。

（二）票号经营与西北战事、政治的关系

山西票号初期活动侧重于华北地区，并较早地把触角延伸向西北，在西北广设分号，将西北地区纳入其全国经营网络的体系中。陕西、甘肃、新疆三省的汇兑业务几乎全部被蔚丰厚、协同庆、天成亨三家所均分，此三家均为山西平遥帮。"出入口货物之汇出汇入款项，悉由票号

---

① 张令琦：《解放前四十年甘肃金融货币简述》，《甘肃文史资料选辑》第 8 辑，1980 年版，第 166 页。

② 张寿彭：《甘肃近代金融业的产生和发展》，《开发研究》1990 年第 4 期，第 62 页。

经营。"

19 世纪 60 年代以后，西北地区设立的票号主要不是适应商品经济的发展需要，而更多的是出于为清政府汇兑协饷和军饷的财政、军事需要而陆续设立的。如同治年间，左宗棠降收了董福祥，任以新疆陕甘总兵，后升提督，军饷调拨频繁需要有人经办，遂通过朋友与蔚丰厚票号商议，由蔚丰厚派人在迪化设立分号，经汇和收存董福祥军队军饷。蔚丰厚票号积利甚多。[①]

山西票号在西北地区的分支机构和分布区域的详细情况（光绪年间全盛时），如表 1－4 所示。

表 1－4　　清代光绪年间山西票号在西北地区的分布情况

陕西省	西安府	日升昌、协同庆、新泰厚、合盛元、蔚丰厚、蔚长厚、蔚盛长、百川通、大德通、天成亨、蔚泰厚
	三原县	新泰厚、百川通、蔚泰厚、蔚丰厚、日升昌、协同庆、蔚长厚、蔚盛长、大德通、天成亨
	汉中府	协同庆
甘肃省	兰州府	蔚丰厚、协同庆、天成亨
	宁夏府	协同庆
	凉州府	蔚丰厚、协同庆、天成亨
	甘州府	协同庆、天成亨
	肃州府	蔚丰厚、天成亨
新疆省	迪化府	蔚丰厚、蔚成亨

资料来源：陈其田：《山西票庄考略》，商务印书馆 1937 年版，第 105 页。

[①] 孔祥毅：《山西票号与清政府的勾结》，《中国社会经济史研究》1984 年第 3 期，第 120 页。

表 1-4 显示,清代光绪年间,山西票号活动在西北地区的共计有 12 家,包括日升昌、协同庆、新泰厚、合盛元、蔚丰厚、蔚长厚、蔚盛长、百川通、大德通、天成亨、蔚泰厚、蔚成亨 12 家,分布于陕西省、甘肃省、新疆省的 9 处。这 9 处中,涉及甘肃的最多,有 5 处,分别位于甘肃的兰州府、宁夏府、凉州府、甘州府、肃州府。另外,涉及陕西的 3 处,新疆的 1 处。这 12 家票号中,以协同庆、天成亨、蔚丰厚的实力最强,在西北的分支机构分布最为广泛,其中协同庆有 7 处分支机构在西北,蔚丰厚和天成亨分别有 6 处分支机构在西北。

西北地区的票号在汇兑各省汇往西北各省的陕甘新协饷、军饷方面发挥了重要作用。同治四年(1865),山西河东道应解甘肃兰州协饷三次,共计银 8 万两,均交由平遥票商汇兑。同年,四川奉拨甘饷 2 万两,交票号元丰玖等字号,汇解陕西藩库。同治七年(1868),闽海关四成洋税项下,按月各拨银 1 万两,作为陕西协饷,交由福州阜康票号汇解。阜康则将该款汇至湖北,交陕甘后路粮台转运陕西省济用。到光绪六年(1880)、七年(1881),又续由阜康票号汇解 192 万两。到 1893 年,据不完全统计,各省交由票号汇兑陕甘新协饷达 462 余万两。[①] 1894—1911 年,各省票号承汇陕甘新军饷 5267357 两。军协饷主要用作军政费用,对于维持清政府在西北的统治,安定西北边防提供了坚强的金融后盾。

左宗棠部深入西北长期作战的军需用饷十分浩繁,当时,也积极利用票号在西北地区的分支机构为其汇兑军饷。

---

① 张国辉:《晚清钱庄和票号研究》,中华书局 1989 年版,第 84 页。

"浙江省同治七年（1868）'十二月份应解银七万两'，除扣除委员盘费及汇费水脚等项费用外，其余库平银64690余两，'发交省城阜康银号，汇解上海转运局福建补用道胡光墉查收，转解湖北省后路粮台，接解左宗棠行营'等，都是由票号承汇解交的。"①

西北票号的汇兑活动除与清政府在西北的军事活动有密切关系外，还支持并参与了西北地区的工商业经营。甲午战争后，在民间掀起了一股兴办私人工矿企业的热潮，票号因拥有雄厚的金融资本，也开始寻求适当的有利时机直接投资工商实业界。1906年，商人邓永达在西安东关集资筹办西北第一家火柴厂——森林火柴厂，后因资金不敷周转，由同顺和票号接办，改名为"义礼荣火柴公司"，资本由2000两纹银增加到3万两，日产火柴三四箱。②

兰州特产水烟遐迩闻名，为甘肃历来出口大宗商品。每年运往上海者有1万—2万担，每担在上海的售价平均是45两银子，合计价款为90多万两。因沪甘两地相隔千里，长途跋涉地运现来甘，诸多不便，此项价款多由票号承兑。若每千两汇水以十两银子计算，仅此一项，票庄每年可得汇费9000余两。不仅如此，票号在承汇布业、茶业等进出口贸易的汇款中也起着巨大作用。③

总行设于天津的英国新泰洋行、平和洋行在宁夏设有分行，采办毛皮出口，其中，平和洋行在甲午以后，一直包销宁夏花马池食盐，其势力相当大，该两行在宁夏与天

---

① 史若民：《票商兴衰史》，中国经济出版社1998年版，第179页。
② 魏永理、李宗植、张寿彭：《中国西北近代开发史》，甘肃人民出版社1993年版，第192页。
③ 中国人民政治协商会议甘肃省委员会文史资料研究委员会：《甘肃文史资料选辑》第13辑，甘肃人民出版社1982年版，第126页。

津间的汇兑，就是由蔚丰厚承办的。①

西北地区的票号在民国二三年间也相继倒闭，日升昌在经过十年的债务清理后于1922年改为钱庄继续营业。天成亨在1921年左右也改称钱庄。1916年5月，蔚丰厚票号独家改组蔚丰商业银行成功。以北京总号为总行，原有分号14处为分行，其中，地处西北的就有西安、三原、兰州、凉州、宁夏、迪化6处。资本以300万元为定额，以蔚丰厚票庄原有之资本金担任1/3，添招新股2/3，按股份有限公司之办法，经营商业银行的一切业务。②

（三）清末民初西北各省的官银钱局

在晚清的钱庄中，有一类所谓"官银钱号"。官银钱号在清初叫作官银局，是由清地方政府兴办的。在太平天国运动以前，可以说是一种纯封建的货币兑换机关。19世纪50年代太平天国起义爆发，清朝财政愈形拮据，廷臣多议发钞以济急用。1853年应户部奏请，"仿照内务府官钱铺之法，开设官银钱号"，旋即在京城内外开设官银钱号4所：乾豫、乾恒、乾丰、乾益，俗称"四乾官号"，发行银票钱票。这是官银钱号之始。与此同时，京外各省如福建、陕西、云南、江苏、热河、直隶、甘肃等省城或重要府县，从1853年到1855年年底，也都先后设有这类官银钱局，招商承办官钱票，推广大钱票钞。

甲午战争后，清政府中央政权削弱，地方势力有所加强，这在财政与货币方面，直接造成两方面的后果。第一，清政府实际上已经丧失了统一全国币制、控制全国通货发

---

① 《冯玉祥访问记录》，载《山西票号史料》，第337页，转引自史若民《票商兴衰史》，中国经济出版社1998年版，第251页。

② 史若民：《票商兴衰史》，中国经济出版社1998年版，第356页。

行的能力。各省督抚在开源无计、筹款乏术的财政压力下，借口通货短绌、商民不便而擅发通用银钱纸票。第二，各省财政开支，加上中央摊派的各种外债、军费等款项，节流势所不能，支出迅速膨胀，客观上急需一个出纳机关来从事调盈济缺、挪前移后的现金出纳调拨工作。基于这两者的需要，各省官银钱号如雨后春笋般纷纷设立，而且还很快朝经理省库、发行纸币、从事存放款业务的省银行方向发展，从多方面起到了维持省级财政的作用。

官银钱号的规模比当时一般的钱庄要大得多。如光绪末年时，新疆官号资本 86.7 万两，奉天 75.8 万两，吉林 46.3 万两，直隶 110 万两，江西 38 万两，规模稍小一点的如湖北、山西、河南等地的官号，也都在 10 万两上下，实力都超过了各地民间钱庄。①

官银钱号的业务，主要与官款有关。在存款方面，官款一般都要占 50% 以上，多数在 80%—90%，甚至 100%。各官号的放款规模都很大，其中主要是省财政垫款。为此，它们发行了大量银钱纸票在外流通。放款方式与当时一般的钱庄、票号相似，以信用放款为主，很少做押款。

陕西官银钱局——秦丰官银钱号，初设于 1858 年，1860 年停办。后于 1894 年复业，曾发行制钱票 20 万串以代制钱在市面流通，并在陕西各府普设分支机构。如 1895 年，陕西官银钱局在汉中、兴安（今安康）设官钱分局，1900 年在延安府设官钱分号，总归"秦丰官银钱号"

---

① 汪敬虞：《中国近代经济史（1895—1927）》下册，人民出版社 2000 年版，第 2185 页。

管辖。①

甘肃官钱局成立于 1908 年，1913 年改组为省官银号。官钱局发行银两票、制钱票等纸币伊始，信用未着，人们为保险起见，不愿使用。后流通已久，渐生信赖，钞券之流通方打开局面，流行通用于民间。

19 世纪末 20 世纪初，新疆地区先后成立迪化、喀什、阿克苏、伊犁、塔城等官钱局。"1908 年，新疆藩司王树枏改组官钱局，在迪化设立新疆官钱总局，并在镇迪、伊塔、阿克苏、喀什四道各设大局，在各府、厅、州设立分局。""官钱局的主要业务是发行纸币'老龙票'，兑换银钱，放款取息，存款付息，已初具近代金融机构的特征。"表 1 - 5 列出了清末民初西北地区主要官钱局的主要业务活动及资本额情况。

表 1 - 5　　　清末民初西北地区主要官钱局简况

名称	设立年月	资本额（银两）	主要业务活动
迪化官钱局	1889 年 12 月	2.57 万两	兑换银钱，推行红钱，1890—1897 年两次发行油布贴 1.3 万张，合银 1.3 万两
喀什官钱局	1888 年春	0.5 万两	试用花票（纸币），每一花票面额 400 元折银一两
阿克苏官钱局	1902 年 8 月	3 万两	分设于温宿、焉耆两县，印发花票（纸币）4 万张，每张折银 1 两

---

① 魏永理、李宗植、张寿彭：《中国西北近代开发史》，甘肃人民出版社 1993 年版，第 428 页。

续表

名称	设立年月	资本额 （银两）	主要业务活动
伊犁官钱局	1889 年	8 万两	分设于绥定、宁远（伊宁），主要业务为兑换银钱
塔城官钱局	不详	不详	不详
甘肃官钱局	1908 年	不详	兑换银钱，发行银两票、制钱票
秦丰官钱局	1894 年	不详	兑换银钱，发行制钱票、银元票

资料来源：参见魏永理、李宗植、张寿彭《中国西北近代开发史》，甘肃人民出版社 1993 年版，第 430 页。

三　华俄道胜银行在新疆的经营活动

新疆地处祖国西北边陲，既是维吾尔族、回族、哈萨克族、撒拉族等少数民族的集中杂居地，又是前朝历代统治的薄弱环节。因地袤物博、水丰草美，英国、沙俄觊觎已久，除时常阴谋策动当地维、回族头领、王公独立外，更支持中亚浩罕国军官阿古柏在南疆建立傀儡政权，阴谋分裂新疆。1843 年，林则徐被遣戍新疆，他在新疆主持兴修水利，鼓励屯田，对维护新疆经济发展、政治稳定和边防安全有积极意义。左宗棠 1875 年平定新疆阿古柏叛乱后，奉命督办新疆军务，提倡种粮植棉，兴办屯田，掀起了近代西北开发的第一次高潮。林则徐、左宗棠两位先驱为新疆早期开发所做的努力是卓有成效的。1884 年建省时，新疆的农、牧、工、商、矿各业虽不能与陕西、甘肃相媲美，但在整体发展水平上已遥遥领先于 1929 年建省的宁夏府、青海府。与西北其他地区相比，新疆近代金融业还有一个显著特征，就是华俄道胜银行 20 世纪初在新疆的渗透。

华俄道胜银行于 1895 年由俄法合资开办，1896 年邀请清政府入股合伙。虽名义上是中外合资银行，但本质上却是彻头彻尾的、地道的殖民地银行，完全服务于沙俄控制我国经济命脉、扩充势力范围的需要。成立之初，即妄想独占经理我国国库、发行货币与内债之权，是沙皇侵略我国的左膀右臂和侍应生。

新疆地区是华俄道胜银行在华据点的重心之一。华俄道胜银行不仅广设分支行于南北疆，在新疆金融领域称王称霸、不可一世；且在 1913—1926 年十几年的时间里，趁新疆货币紊乱时乘虚而入，公然践踏我国货币主权，大力推行金币券。"金币券印有俄、满、回和汉四种文字，由该行的伊犁、塔城和喀什三个分行发行，随时可兑换黄金。发行额在 800 万—900 万两。"[①]

金币券在新疆地方货币市场上肆无忌惮、有恃无恐地畅行其道，并扶摇直上，取得了在货币流通领域的统治地位，使新疆省钞无立足之地。"持俄币即可兑现，商人非俄币不能周转，行旅非俄币不能出境，民间非俄币不能购置茶、布，其俄币于京、津、汉、沪均可通用。"[②]

华俄道胜银行滥发金币券，从新疆掠取物资，筹集粮饷，大量掠夺中国人民财富，给中国人民带来深重的灾难。"南北两路城乡市镇以及蒙、哈、布游牧地方，所在皆有此

---

① 任浩然：《华俄道胜银行在华活动的真面目》，载《外商银行在中国》，中国文史出版社 1996 年版，第 57 页。

② 《北洋财政部档案》1915 年 6 月 3 日，转引自任浩然《华俄道胜银行在华活动的真面目》，载《外商银行在中国》，中国文史出版社 1996 年版，第 57 页。

种俄钞，无非吸收我国金银，交易我国货物而去。"①

　　1926年，华俄道胜银行停业清理时，新疆各分行欠中国人30万元，清理时只给付45%。② 这是对西北人民的公然掠夺。

---

　　① 《杨增新致塔城汪道尹电》1917年5月21日，转引自任浩然《华俄道胜银行在华活动的真面目》，载《外商银行在中国》，中国文史出版社1996年版，第57页。

　　② 任浩然：《华俄道胜银行在华活动的真面目》，载《外商银行在中国》，中国文史出版社1996年版，第58页。

第二章 北洋政府至国民政府统治前期(1911—1936年)西北近代银行业的产生与初步发展

第一节 官营地方银行的建立和发展

一 旧有官银钱局的改组与官营地方银行的确立和发展

清末西北各地的官银钱局，是地方政府创办的官办钱庄，其主要功能是为地方政府的财政服务。辛亥革命前后，这类官银钱局纷纷改组。1910年，陕西官银钱号改组为秦丰官钱局。秦丰官钱局的主要业务是兑换货币，兼有发行权，因此，尚不具有现代金融机构的性质和职能，即以存、放款为主要经营业务，以抵押借贷为特征。但它作为清朝末年地方金融机构的代表，对于当时的融通资金、便利商品交换事业的进行等，的确起到了一定的辅助作用。不仅如此，秦丰官钱局在其辖区内广设分支机构，也为陕西新式银行业的兴起奠定了业务、组织、人才储备的基础。秦丰银行即在秦丰官钱局的基础上改组而来。

1912年，秦丰银行和富秦钱局同时成立。截至1917年

12 月底，前者共发行银两票 653542 两，后者共发行制钱票
1014448 串。1917 年，秦丰银行改组为富秦银行，并于
1918 年将富秦钱局归并其内。

　　1913 年，甘肃官银局改组为甘肃省官银号。"资本由
省库拨付，发行纸币并代理省金库。其时甘肃全省军政统
一，所有全省税收完全解缴省库，军政费由省库支付，现
银亦均集中省库。"由此可见，甘肃官银号虽无省银行之
名，但行省银行之实。官银号经营后期，因向财政当局透
支巨款，到期未能追回，形成呆账。又因准备空虚，难以
兑现，票价狂跌，迫不得已，歇业整顿。最后大约在 1923
年以后永远关闭。

　　1913 年，甘肃省官银号征得马麒同意后，在西宁道设
立西宁分号，发行"钱票"、"银票"，与当时流行的白银、
制钱同用。1919 年分号裁撤。1927 年甘肃省银行西宁办事
处成立，1929 年 3 月改组为甘肃工农银行西宁办事处，同
年，青海分省时宣告结束。继由冯玉祥领导的国民军设立
西北银行西宁办事处。

　　西北各省省银行的设立，是西北金融业近代化的一个
重要标志。陕西省银行成立于 1930 年 12 月。原定资本总
额 500 万元，嗣以筹措不易，改为 200 万元，官民各半。
后因陕省财政拮据，官股迟迟不得拨足。陕西省银行成立
早期，即在省境遍设分支行处，截至 1933 年分行处即有 28
所。各分支行处在促进省内商品贸易、繁荣商品经济中起
了相当的推动作用。

　　1931 年"九一八"事变后，陕军第七师 12 月奉令西
进甘肃。为适应军队需要，设立陕西省银行分行于兰州，

并分设办事处于平凉和秦州，以应军政需要。[①] 陕行的筹饷活动为陕军安营扎寨、训练兵士提供充足的金融保障。1932 年受总行影响实行停兑。1933 年撤出甘肃。

作为陕省境内唯一的公营金融机构，陕西省银行在配合国民政府法币政策的实施上态度十分积极。依照国民政府的指令，陕行陆续收销省行本钞 1219215 元，发行额减至 350 万元，并照章缴交准备金，对于整饬金融市场，促成币制统一，限制金银外流，稳定银价和抵制美国的白银政策，都发挥了重要的作用。

1924 年，历经两年的先期筹备组设后，甘肃银行应运而生。1928 年冯玉祥下令，将甘肃银行归西北银行管辖。1929 年，甘肃银行改组为甘肃农工银行。

新疆省银行于 1930 年 7 月 1 日成立，"四月革命"后业务增长十分迅速。1934—1938 年，存款额从 250 万两增至 56300 万两，放款额从 320 万两增至 43800 万两。1936 年新疆省银行有伊宁、阿克苏、奇台、哈密、塔城、承化、疏勒、绥来 8 处分行。[②]

甘肃省官银钱局宁夏分局和宁夏官银分号，是清末民初宁夏金融业的有机组成部分。1927 年，西北银行设宁夏分行于宁夏。1930 年西北军离甘，该行也告停业。马鸿宾任宁夏省主席时于 1931 年在西北银行分行基础上改组成立宁夏省银行，发行不兑现钞票 60 万元[③]，此乃宁夏省地方银行之滥觞。

---

① 郭荣生：《抗战期中之陕西省银行》，《经济汇报》1942 年第 6 卷第 10 期，第 76 页。

② 中国银行总管理处经济研究室：《中华民国二十五年全国银行年鉴》，1936 年版，汉文正楷印书局，第 Q13—14 页。

③ 同上书，第 Q19 页。

1933 年，马鸿逵继任主席后，于 1938 年春组织金融管理委员会，将前禁烟委员会所存之烟土按法币作价变卖，以所售得之法币，收回宁夏省银行所有前后发行之不兑现省钞，当众销毁。并将宁夏省银行改为宁夏银行，由官商集股合办。宁夏银行资本总额 400 万元，参有商股 300 万元。以法币为唯一法定流通货币，再不发行纸币。从此以后，宁夏金融市面逐步趋向稳定。

1931 年，马麟当权后设立青海省金库，发行"青海省金库维持券"。1934 年，省金库下附设西宁平市官钱局，并由省金库发行"青海省临时维持券"，发行额为 80 万元，其后总额又增至 150 万元。1935 年，又发行"省临时维持券" 100 万元。每"临时券"一元，兑铜钱五吊。

其时马步芳欲夺其利，大量印制假券，使维持券数额陡增，以致券值急骤贬低，通货恶性膨胀，金融混乱不堪，情势危急，迫使马麟兑现。起初以 20% 收兑，即维持券 100 元，兑换银元 20 元。可是维持券越来越多，改为维持券 100 元兑换银元 10 元，终以不能应付局面，又以青盐 2 斤，兑收维持券 1 元。更以每日规定的兑额有限，民众挤兑成风，捣毁金库大门，一时秩序大乱，警察奉命开枪弹压，打死市民 1 人，伤 100 余人。而马麟竟以此为借口，公然宣告停止兑现，"维持券"顿成废纸。西宁市民凡持券多者，无不破产，而马步芳却从这一事件中至少得利 300 万元。地方军阀对西北社会经济的控制与破坏及对金融界的影响，由此可见一斑。

西北地方金融机构的一个显著特点是与地方军阀势力有着密切的关系。陕北地方实业银行与西北银行的设立是最好的例证。陕北地方实业银行成立于 1930 年 2 月，总行设于榆林，由前陕北镇守使井岳秀召集陕北 23 县士绅筹设。资本总额原定国币 50 万元，系由陕北各县筹拨，以存款、放款、汇兑、贴现为主要业务。该行成立之初即年获盈利，第三年即 1932 年时已有 18 处分支行遍及陕北地区。1933 年 8 月，拨资 1 万元成立典当部，专作抵押放款。1936 年，延长、延川、清涧、安塞、吴堡、府谷、靖边等 14 处分支行处先后被劫，使陕北地方实业银行深受重创。加之驻军第 86 师及第 84 师之巨额透支与各县政府及士绅之借欠，合计在 100 万元以上，是故资金呆滞，业务缩减不少。①

1936 年，井岳秀之死令陕北地方实业银行群龙无首，挤兑者纷至沓来。陕西省政府督饬陕西省银行于 1937 年暂行管理该行，计划将陕北地方实业银行原有各行处改为陕西省省行分支机关。然因为地方实业银行积欠过多，陕西省银行不愿接收，省府又令陕北整理旧欠，俟有相当赢余后再行归并。截至 1940 年 12 月，陕北地方实业银行除总行外，仅余神木、米脂、绥德、安边、镇川堡 5 处分支行处。其汇兑业务仅局限于陕北一隅。

西北银行是冯玉祥 1925 年任西北边防督办时为解决国民军军需筹款和调剂金融、开发西北所需而设，总行设在张家口。1927 年，设西北银行分行于西安，接办富秦银行，发行钞票并代理省库，为当时陕省唯一金融机构。西北军响应北伐进兵陕甘豫鲁期间，军需浩繁，乃增发钞券，后以无法兑现，被迫于 1929 年 5 月停业。

---

① 黎小苏：《陕西银行业之过去与现在》，《西北资源》1941 年第 1 卷第 6 期，第 22 页。

表 2 - 1　　　　　　　　西北各省地方银行一览

行名	陕西省银行	陕北地方实业银行	甘肃省银行	宁夏银行	新疆商业银行
成立年月	民国二十年二月	民国十九年十二月一日	民国二十八年六月一日	民国二十七年六月	民国二十八年
注册时期			民国二十九年十月		
执照号码	现正办理注册手续	尚未注册	银字三二五	尚未注册	尚未注册
资本总额	500 万元	50 万元	500 万元	150 万元	新币 500 万元
实收资本	500 万元	50 万元	350 万元	150 万元	新币 500 万元
董事长	周介春	—	王漱芳	马鸿逵	—
总经理	贾玉璋	徐友松	郑大勇	李云祥	彭吉元
总行地址	陕西西安	陕西榆林	甘肃皋兰	宁夏	新疆迪化
备考				现拟增资400 万元	该行资本合国币2500 百万元

资料来源：李京生：《论西北金融网之建立》，《经济建设季刊》1944 年第 2 卷第 4 期，第 155 页。

1925 年国民军入甘后，西北银行也随军南下，在兰州设分行。1926 年 7 月，在甘肃增设秦州（今天水）、平凉、肃州（今酒泉）、甘州（今张掖）、凉州（今武威）、西宁、宁夏诸办事处。1930 年，国民军离开甘肃，西北银行遂于 1931 年停止营业，改组为富陇银行。

二　北洋政府时期西北各省营地方银行的经营特点

（一）只对地方财政负责，是地方政府和各派军阀搜刮敛财的工具

由于地方银行是地方政府的财政工具，而不是地方政

府繁荣经济、造福人民的手段，因而这类银行只对地方政府负责，只对地方政府的财政负责，而不对老百姓负责。这类银行在准备金不足，甚至毫无准备金的情况下滥发纸币。不兑现纸币在市面上流通时往往低于票面价值折扣行使，也即纸币贬值，由此造成物价上涨，人民实际购买力相对下降。其结果必然是通货膨胀，纸币因不能兑现而迅速贬值，甚至成为废纸。地方政府的财政问题是缓解了，而老百姓则蒙受了敲骨吸髓的灾难，多少人因此而倾家荡产，家破人亡。换句话说，就是地方政府通过地方银行来掠夺老百姓。但这比一般的抢劫要隐蔽得多，又比苛捐杂税简便得多，有效得多。如青海省金库因滥发"临时维持券"引起通货恶性膨胀，在 1935 年的挤兑风潮中，起初以 20% 收兑，后改为维持券 100 元兑换银元 10 元。终以不能应付局面，又以青盐 2 斤，兑收维持券 1 元，最后又公然宣告停止兑现。"维持券"在停止兑现后顿成废纸，西宁商民深受其害，生计断绝者十有二三，而马步芳却从这一事件中至少得利 300 万元。

（二）地方银行有一个周期性盛衰的变化过程

西北地方银行的兴衰变化，基本上由地方军阀从得势到失势或由军阀战争所决定。地方军阀上台后，总是对建立和扶持地方银行特别重视，他们为了筹措军政费用，或者为了战争，让地方银行发行巨额纸币，并向地方银行挪借款项，只借不还，使地方银行的纸币贬值，信誉日益下降，最终导致地方银行的清理或倒闭。这时，新的地方军阀上台掌权，或者原来的军阀通过战争，维持住自己的地盘，无论哪种情形，他们都有可能着手新建或整顿地方银行，使地方银行进入新一轮的变动周期。北洋政府时期西北地方银行的周期性盛衰,是同军阀势力的消长相一致的。例如,西北银行在西北地区的分支行处主要是为冯玉祥领导的国民军在西北的军事活动而服务的,同时也是随着国民军的撤离陕甘而迅速垮台的。

(三)北洋政府统治时期,因为政局迭更、滥发纸币而又终止兑现,金融恐慌、币制紊乱较之清末有过之而无不及

政治风云变幻莫测,非银行界之力量所能遏制,是故银钱业在与政治的对话中处于劣势和相对被动的地位。政局一有风吹草动,立即会引起金融界的过度反应,银钱业面对熙熙攘攘的挤兑者,仓皇应付,焦头烂额,阵脚大乱。这说明当时西北银行、钱庄对于政策风险的预警系统和抵御能力都异常薄弱,地方银行信用扫地,这是造成地方官营银行信用破产并破产倒闭的重要原因。陕西秦丰银行就是因为滥发纸币引起挤兑风潮,在停兑银两钞后破产倒闭的。

第二节　国家银行分支机构的
触角伸向西北地区

清代末年,清政府设立的国家银行就已在西北设立分支机构。户部银行是清政府于 1904 年设立的一家国家银行,1908 年改称大清银行,大清银行 1910 年在西安设立分支机构。1912 年大清银行在改组为中国银行之后,复于 1914 年在西安设立分行,后于 1928 年裁撤。

1933 年 12 月,中国银行在西安设立办事处;1934 年 6

月，河南、湖北、安徽和江西四省农民银行在西安设立分行。1934 年陇海铁路延至西安，交通便利，中央银行、交通银行先后在西安设立分支行处。

中国银行于 1933 年 12 月在西安复设分行后，对于工业投资及放款极为关注。主要投放于由该行投资创办之雍兴实业公司。雍兴实业公司在陕西省陇海路沿线共设有 8 厂，即长安制革厂、长安印刷厂、中南火柴厂、咸阳工厂、机器厂、纱厂、酒精厂及业精纺织厂。

1925 年，中国银行来兰州设立支行；1933 年 12 月，中央银行来兰州设立分行，以代理国库、经收税款为主要业务，并承做各地汇款以调剂金融。中央银行在甘肃的活动对于甘肃省金融业产生了有利的影响。如由兰州汇款往上海、天津的汇水每千元由三四百元降至十元左右，月息也从四分降至一分。中国农民银行于 1935 年来甘肃，在兰州、天水、平凉设立分支行处，并分期在各县办理农贷。

第三节　外地私人资本银行在
西北的早期活动

20 世纪 30 年代初，世界经济危机的浪潮波及中国，中国银钱业的经营也十分困难。一批有远见卓识的现代银行家看到中国内地和广大的边远农村地区经济停滞，急需资金扶持的广阔的市场前景，开始逐步调整经营方向，并把目光投向西北。如金城银行、上海商业储蓄银行、浙江兴业银行、边业银行等开始开发西北市场。

随陇海铁路线不断向前敷设和延展至陕西境内，交通

日形便利，陕西与全国其他地区的空间距离无形缩短，省
境内外贸易日趋活跃，商业日渐繁荣，为各商业银行前往
设行从可能性和可行性上都提供了有利条件。金城银行准
确把握商机，在认为时机成熟和经济贸易条件允许的地方
大胆设立分支行。

金城银行于 1934 年 10 月成立潼关办事处兼储蓄行，
后因潼关业务稀少；1935 年 4 月，随陇海铁路西展而移往
西安；1935 年 10 月起，改称西安办事处兼储蓄处。①

铁道部为修筑大潼铁路及潼西铁路工程需款，于 1933
年 7 月 1 日向金城银行借款 35 万元，1935 年 1 月 1 日潼西
段铁路通车后，又拟筑由西安至宝鸡段铁路，为此向金城
银行续借 100 万元，利率为年息一分。② 从某种意义上说，
金城银行对于陇海路陕西段工程借款发挥了一定的作用，
从而间接为开发陕西、沟通陕西与省境外的联系起了一定
的支持和推动作用。

1937 年 6 月，金城银行郑州分行储蓄部给陕西棉产改
进所农业放款 9233 元。③ 1937 年 6 月，对于陕西省政府放
款 1 万元，陕西建设厅引渭借款 11.7 万元。④

1935 年 4 月，参加对合作社放款的上海、交通、大陆、
金城、中南、四行储蓄会、四省农民、浙江兴业、新华、
国华 10 家银行，联合组织了一个"中华农业合作贷款银
团"，在山东、河南、陕西、江苏、浙江、河北等省办理棉
麦合作贷款。20 世纪 30 年代初期，私营银行在陕西的农贷

---

① 中国人民银行上海市分行金融研究室：《金城银行史料》，上海人民出版社 1983
年版，第 255 页。
② 同上书，第 517、519 页。
③ 同上书，第 462 页。
④ 同上书，第 485 页。

主要包括：1933 年上海商业银行储蓄银行在陕西泾阳县永乐店发放棉花青苗贷款，定期抵押贷款，活期信用贷款等款项共 7.36 万元；1934 年上海商业储蓄银行又参与农贷资金 50 万元；金城银行在 1935 年对陕西放贷 55 万元，同年又与中央银行、中国银行、交通银行、上海银行四家银行共投资 200 万元开办渭惠渠工程。这对于开发陕西农业，活跃陕西农村经济起到了积极的作用。

第三章 抗日战争时期（1937—1945 年）
西北近代金融业的快速发展

第一节 以"四行二局一库"为代表的
国家金融势力对西北金融业
渗透和影响的加强

一　中央银行系统的形成及向西北的扩展

1928 年 11 月 1 日，南京国民政府在南京建立了中央银行，并特定为国家银行，授予该行具有经理国库、铸造货币、发行兑换券、经募内债和外债的特权。该行成立时的资本额为 2000 万元，1935 年又发行金融公债，将资本增加到 1 亿元。这一银行的建立是四大家族控制全国金融体系的首要步骤。随后，国民党政府又利用修改金融条例的办法，对创办于清末、后来又成为北洋政府财政金融支柱的中国银行和交通银行渗入势力，把中国银行、交通银行两行总行转移到上海，特许中国银行为国际汇兑银行，交通银行为全国实业银行。1935 年，又利用金融危机发行金融公债，增加两行官股，中国银行增资为 4000 万元，官股占全部资本的 50%；交通银行增资为 2000 万元，官股占全部资本的 60%，使这两个老牌银行与中央银行一起变为国民党政府"三位一体"的国家银行。

1935 年，国民党政府又将河南、湖北、安徽、江西四省农民银行改组为中国农民银行。中国农民银行的前身是 1933 年 4 月设立的河南、湖北、安徽、江西四省农民银行，总行设立在汉口，享有发钞的权力，所发行的流通券在农村强制使用。1935 年改组后迁至南京，蒋介石任董事长。中国农民银行是经营农村金融的专业银行，进行抵押贷款和推进合作社贷款活动。它与中国银行、交通银行和中央银行三行并称为"四行"。

除了这四大银行外，国民政府在 1930 年与 1935 年还分别设立了邮政储金汇业局与中央信托局。邮政储金汇业局的主要业务是吸收储蓄、经营汇兑、邮政汇票、电报汇款、抵押放款、贴现放款、购买公债或库券、办理保险业务等。中央信托局的主要业务为：垄断各种出口物资的收购；经办军火进口和各项保险事业；为国营公用事业募集债券与发行股票等；经收公共机关或公共团体的信托存款，办理各种保证与委托办理事项等。

中央银行、中国银行、交通银行和中国农民银行四大银行（以下简称"四行"）以及邮政储金汇业局、中央信托局（以下简称"二局"）的建立并开展业务活动，标志着国民政府控制的金融垄断体系基本形成。它们是国民政府垄断全国金融的中心支柱。

抗日战争时期，四大家族官僚资本金融体系实现了进一步的集中。国民党政府为了加强对金融业的垄断权，特别是加强中央银行的垄断地位，于 1937 年 8 月，在上海成立了四行联合贴放委员会和四行联合办事处;1939 年 10 月,又将四联总处的组织机构进行改组、充实,并将“两局”也划归该处统制,总揽一切金融事务。根据《战时健全中央金融机构办法》,四行联合办事处总处的职权包括:掌管全国金融网分布之设计;四行联合贴放;战时特种生产事业的联合投资;特种储蓄的推行;收兑金银的管理;外汇申请的审核;等等。这样,四联总处便成为主宰战时金融的最高权力机关。一直到 1948 年 10 月,“四联总处”都是国民党统治区的最高金融机关。

抗战期间,国民党政府十分重视国家资本金融势力在西北地区的扩张。1938 年 8 月,财政部拟订“西南西北及邻近战区金融网二年计划”,就四行二局一库对于西南西北战时后方与政治、交通及货物集散有关之城镇乡市、各偏僻地点应负的金融周转和汇兑融资等责任及具体实施步骤,作了一个宏观的统筹安排。四大国有银行皆以发行钞券,办理四行联合贴放、存款、汇兑、收兑金银为主要业务。另外,中央银行代理国库公库,中国农民银行辅设各县合作金库。1940 年 3 月,四联总处又增订“第二期、第三期筹设西南西北金融网计划”。1942 年 9 月,四联总处第 240 次理事会议通过“扩展西北金融网筹设原则”,积极推进国家资本金融机构在西北的扩张活动。

中央银行、中国银行、交通银行、中国农民银行四行联合办事处兰州分处于 1940 年 1 月 10 日成立,指导监督四行二局在甘肃一切业务。截至 1941 年,中央银行、中国银行、交通银行、中国农民银行四行在甘肃省的分支行处共 20 处,集中分布在兰州、天水、平凉、武威四地。其中抗战前仅成立有 4 家，抗战期间成立的有 16 家。①

　　四大国有银行在陕西的分支行处集中分布于西安、宝
鸡、南郑、渭南、安康等地。据 1940 年年底统计，中央银
行有西安、宝鸡、南郑、安康、邠县、宁羌 6 处分行；中
国银行有西安支行 1 处，渭南、咸阳、泾阳、宝鸡、三原 5
处寄庄，西安盐店街办事分处、南郑办事分处两办事处；
交通银行有渭南、西安、南郑 3 支行和宝鸡、泾阳、咸阳 3
办事处。中国农民银行有西安分行 1 处，南郑、安康两处
办事处。

表 3 - 1 　　　　　抗战时期国民党政府的金融组织
"四行" 在西北发展情况

银行名称	在西北设立分支机构数（个）	其中抗战时期新增数（个）	比抗战前增长（％）	分布机构的地区分布数
中央银行	19	16	533.3	陕西 9 个，甘肃 6 个，宁夏 1 个，青海 1 个，新疆 2 个
中国银行	17	14	466.7	陕西 9 个，甘肃 6 个，宁夏 1 个，青海 1 个
交通银行	16	12	300.0	陕西 10 个，甘肃 5 个，宁夏 1 个
中国农民银行	15	7	87.5	陕西 9 个，甘肃 4 个，宁夏 1 个，青海 1 个
合计	67	49	272.2	陕西 37 个，甘肃 21 个，宁夏 4 个，青海 3 个，新疆 2 个

　　资料来源：魏永理、李宗植、张寿彭：《中国西北近代开发史》，甘肃人民
出版社 1993 年版，第 455 页。

---

　　① 黎迈：《甘肃金融业之过去与现在》，《西北资源》1941 年第 2 卷第 2 期，第 41—
42 页。

表 3－1 显示，抗战时期，中央银行、中国银行、交通银行、中国农民银行四行在西北设立分支机构有明显增长。其中，中央银行在西北设立分支机构数为 19 个，中国银行这一数字为 17 个，交通银行为 16 个，中国农民银行为 15 个，比抗战前分别增长 533.3%、466.7%、300%、87.5%。分支机构多分布于陕西、甘肃两省。其中中央银行在陕西设有分支机构 9 个，中国银行在陕西设有分支机构 9 个，交通银行 10 个，中国农民银行 9 个。中央银行在甘肃设有分支机构数为 6 个，中国银行、交通银行、中国农民银行这一数字分别为 6 个、5 个、4 个，四行在西北五省的分支机构数目合计为 67 个，其中陕西有 37 个，甘肃有 21 个。

中央信托局西安分局于 1945 年 9 月 17 日开业，兰州分局于 1945 年 10 月 15 日开业。邮政储金汇业局以储蓄为主业，兼办小额汇兑，简易寿险，及经收侨汇业务。业务分支机构遍布小城市并深入乡镇各村。据 1948 年统计，邮政储金汇业局西安分局下辖宝鸡办事处；兰州分局（1943 年成立）下辖天水、平凉、武威、宁夏办事处，又车站、北道埠办事处正在筹设中。

二　国家银行系统对西北工矿业、贸易业、交通运输业、农业的投资与贷款活动

（一）国家银行单独投资创办工业企业

这一方面最典型的例子是雍兴实业股份有限公司：该公司"资本总额实收 2000 万元，全由中国银行信托投资，并无私人资本的一点掺杂，即常年流动资金也由中国银行贷放，可说是中国银行附属事业之一"。"该公司自二十九年（1940）成立迄今，为时两载，自办及参加投资的各工业，已完成及未完成者共计 18 家单位，而这 18 家单位中，仅有 3 家投资的单位是在重庆和合川，其余自办的 3 家投资和 12 家自办的单位都分布在陕、甘两省。其地区遍及兰州、西安、天水、咸阳、宜洛镇及陇南。""分布在陕、甘两省的 15 家单位，其部门包括纺织、制粉、机器、制药、皮革、印刷、酒、粉、煤、火柴各部门，而整个的业务重心，则显然在纺织业。"

西安四联分处以工矿贷款为主要业务，在 1942—1943 年取得放款者，有西京机器修造厂、中亚染织厂、西北毛纺厂、宝大酒精厂等。①

（二）国家银行与资源委员会、地方政府联合投资创办工业企业

1941 年，资源委员会、中国银行、交通部与甘肃省政府合资创办甘肃水泥公司，资本 450 万元，分为 4500 股，内计资源委员会占 1800 股，中国银行占 1350 股，交通部占 800 股，甘肃省政府占 450 股。1942 年，甘肃省政府、资源委员会及中央银行、中国银行、交通银行、中国农民银行四银行联合投资创办甘肃矿业公司，该公司以开采甘肃煤铁及其他矿产、从事冶炼为主要业务。额定股本 1000 万元，初收足 300 万元，嗣后增为 800 万元，其中，中国银行的投资即达 45 万元。

"八一三"淞沪会战以后，刘鸿生将上海章华毛纺厂的部分机器设备内迁，在重庆设立了中国毛纺织公司。由于中国毛纺织公司的原料主要购自西北，为了节省运输费用，

---

① 胡元民：《西北五省之金融业》，《金融知识》1943 年第 2 卷第 4 期，第 71、73 页。

1941年与贸易委员会所属的复兴公司合资，在兰州设立西北洗毛厂。1943年，刘鸿生又拉拢杜月笙、钱新之、王志莘、胡宗南、谷正伦、马鸿逵、马步芳等官僚、军阀、地方封建势力与之合作，在兰州筹办设立西北毛纺织厂。该厂资本总额定为3000万元，其中，复兴公司、交通银行、中国毛纺织公司各投资500万元，其余股本由杜月笙、王志莘、刘鸿生等担任或负责筹集。

除甘肃之外，其他如宁夏毛纺织工厂是中央银行投资8万元所建；马步芳在青海所办的西宁兴业公司，中国银行在1943年也投资70万元。

（三）国家银行对西北公路交通建设予以贷款支持

汉白公路起自陕西汉中，向东经城固、西乡、石泉、汉阴、安康、平利，越关垭子出陕西入湖北境内，又从界岭折入陕西达终点白河，全长533千米。其中，汉（中）安（康）段于1934年11月即开始修筑，但其间因工程款不继等原因曾两次停工。1938年8月16日，蒋介石电令农民银行："兹为加紧完成汉白公路起见，希即饬西安农行贷款三十万元，交陕西省府抢修汉安线之用。"这样，汉安这段公路于1938年修通。安（康）白（河）段是1937年8月动工的，也于1938年2月底竣工。汉白公路全线修通后，不仅把陕南的汉中、安康两个地区连成一片，而且可通武汉，达于四川、甘肃等地，从而沟通华中、西南、西北三个地区，其意义是很大的。

（四）国家银行对农业贷款情况

关于国民政府的农贷在西北的具体落实，我们以陕西为主来进行说明。

据统计，中国农民银行西安分行从1942年9月起农贷的大致情况为：截至 1943 年 6 月发放一般性农业贷款 1925 万元（法币，下同），棉花生产贷款 4749 万元，晋西战区贷款 500 万元，合计 7175 万元。

其他如农田水利贷款：1943 年核定新旧工程及小型农田水利等贷款总额 7019 万元，用于兴修汉、褒、沣、渭、定五惠渠 2035 万元。

农业推广贷款：与陕西农业改进所合作购置优良麦种、稻种合计 207 万元，备用于实物贷放。

农业运销贷款：1942 年 10 月协助政府抢购物资，先后由 17 家棉花运销社办理，贷放棉价款、加工运销设备费等 3000 万元，购棉 2.7 万余市担。1943 年，又核定棉花生产贷款 6000 万元。

平民、朝邑水灾款：1942 年，因黄河泛滥，平民、朝邑六县遭受水灾，中国农民银行发放 200 万元紧急水灾贷款。次年春，又续贷 200 万元帮助恢复生产。

陕北边区贷款：1942 年，贷放 185 万元，1943 年春，贷放 115 万元，两次共计 300 万元。

晋西战区贷款：晋西战区 21 县，1942 年先后放贷 500 万元。

合作金库贷款：全省由中国农民银行辅导的 18 个库在 1942 年共透支金额 1000 万元。1944 年，对陕西 31 县发放棉田贷款 344397 万元，小型农田水利贷款 200 万元。1945 年，发放棉花生产贷款 130522 万元，小型水利贷款 3300 万元。

国家其他行局如中国银行西安分行，1934—1939 年先后发放农贷 248 万余元；交通银行西安分行，1934—1939 年先后发放农贷 126 万余元；农本局，1938 年在陕西贷款 6824 元，1939 年贷款 13 万余元；四联总处，1940 年向陕西投资 3700 万元；中央信托局西安分局在陕西也将商南、商县、山阳、镇安、柞水、旬阳、宁陕、石泉和汉阴 9 县作为农贷发放区域。

四联总处陕西四行联合办事处 1940 年办理陕西省农贷 3700 万元，有农业生产贷款、农村副业贷款、运输工具贷款、农产押储贷款、农业推广贷款、农田水利贷款、农产供销贷款、购置耕地贷款、陕北农贷 9 个种类。其中，以农业生产贷款、运输工具贷款、农田水利贷款数额最多。[①]

再来看一下甘肃。截至 1941 年年底，四行局在甘肃的农贷数为：中国农民银行 1800 万元，中国银行 780 万元，交通银行 500 万元，中央信托投局 76 万元，共计 3156 万元。从 1942 年 9 月起，其他行局的农贷业务统一划归中国农民银行办理。截至当年 10 月，在甘肃的"农贷总额为 4089 万余元，其中农业生产贷款占 2672 万余元，农田水利贷款占 1292 万余元，农产储押贷款占 120 万余元，农村副业贷款占 37000 元，以上四项除农田水利部分系贷于甘肃水利林牧公司办理外，其余贷款系分贷于全省 4482 处合作社，共有社员 239500 余人，贷款利率普遍为月息一分四厘至一分五厘"。截至 1943 年 12 月，甘肃省的"贷款总额已达 14000 万元"。

据统计，1940—1943 年，甘肃农贷的主要成效包括：

（1）大型农田水利工程，占甘肃农贷总额的 60%。完成的工程包括洮惠渠、湟惠渠、溥济渠、沕丰渠。正在修建的工程包括永丰渠、永乐渠、靖丰渠、兰丰渠、登丰渠、平丰渠、肃丰渠等。

---

① 韩清涛：《陕西的农业合作事业》，《西北资源》1941 年第 1 卷第 2 期，第 71 页。

（2）农业生产贷款 2950 万元，占甘肃省农贷总额的 21.1%，以供给农民短期生产资金为主。

（3）农副业生产贷款 1100 万元，占甘肃省农贷总额的 7.87%。这项资金主要是供给农民作为副业之用，用来增加日常进款，充裕全家生活。

（4）小型农田水利贷款 400 万元，占甘肃省农贷总额的 2.85%，此项贷款，主要用以办理规模小、成本低、收效快的水利工程。

接下来，看一看宁夏。

中国农民银行从 1940—1944 年对宁夏的农贷情况，如表 3－2 所示。

表 3－2　　中国农民银行 1940—1944 年对宁夏各类农贷统计　　单位：元

年份	1940	1941	1942	1943	1944
贷款种类	农业生产	农业生产	农业生产 农田水利 农村副业	农业生产 农田水利 农村副业 农业推广	农业生产 农田水利 农村副业 农业推广 土地改良
贷款对象	信用合作社	信用合作社	信用合作社、生产合作社、灌溉生产合作社、陶瓷生产合作社等	合作社、畜牧生产合作社、省政府、淘盐合作社、纺织生产合作社、农林处等	省政府、榨油生产合作社、垦殖生产合作社、农林处
贷款数额	362340	1480366	2672955	8970846	12174782

资料来源：马建昌：《抗日时期国民政府开发西北农业问题研究》，硕士学位论文，西北大学，2003 年，第 34 页。

　　表 3-2 显示，中国农民银行对宁夏的农贷种类从
1940—1944 年逐年在增加，贷款种类除农业生产外另外涉
及农田水利、农村副业、农业推广、土地改良等多个农村
发展项目。从贷款对象来看，其涉及的范围也十分广泛，
除基本的信用合作社，另涉及生产合作社，灌溉生产合作
社，陶瓷生产合作社，畜牧生产合作社，淘盐合作社，纺
织生产合作社，榨油生产合作社，垦殖生产合作社等多个
农村合作生产组织。

　　显然，仅从五省区的农贷数量来评判国民政府对西北
农业的重视程度是不够的。具有说服力的是 1944 年各省农
贷所占国民政府农贷总数的比例。比如说，四川的这一比
例为 33%，陕西为 12%，甘肃为 11.3%，广西为 5.6%，
云南为 4.3%，江西为 3.3%，贵州为 2.6%，湖南为
2.6%，广东为 2.3%，河南为 2.3%，浙江为 1.6%，福建
为 1.6%，青海为 1.1%，西康为 1%，安徽为 1%，山西
为 0.7%，宁夏为 0.4%，绥远为 0.3%，江苏为 0.004%，
沦陷区为 0.002%。

表 3-3　　中国农民银行对陕甘宁青绥五省区农业
贷款及农业投资统计（1942—1945 年）　　单位：元

年份	陕西	甘肃	青海	宁夏	绥远
1942	87202151	50271409	—	2810174	1742143
1943	206778002	140101528	20000000	8990846	2960900
1944	547593206	330069428	14720333	20200982	9825200
1945	2502382074	1105969419	44251685	27463297	56245645

　　资料来源：马建昌：《抗日时期国民政府开发西北农业问题研究》，硕士学
位论文，西北大学，2003 年，第 35 页。

表 3-3 显示，1942—1945 年，中国农民银行对陕甘宁青的农业贷款及农业投资总体上呈现迅猛增长之势。1944 年，仅陕西和甘肃两省农贷之和即将接近于全国当年农贷总额的 1/4。当然，这个数字只是 1944 年一年的情况，但还是能够在一定程度上反映一些问题。尽管国民政府在总体上比较重视西北，但对西北各省农贷数量的分配严重不均，明显倾向于自然条件相对较好的陕甘两省。总体来看，对西北五省的农业贷款及农业投资主要集中在陕西、甘肃两省。1945 年，中国农民银行对陕西、甘肃、青海和宁夏的农贷及农业投资分别为 2502382074 元、1105969419 元、44251685 元和 27463297 元。

第二节　省银行体系进一步完善，业务范围扩大，职能逐步健全

一　陕西省银行

"七七"事变后，抗日战争全面爆发，为保障前方供给，开发西北地区后方经济迫在眉睫。鉴于陕西省银行资力单薄，为谋调剂战时地方金融，并协助生产建设事业起见，陕西省政府于 1938 年 8 月除拨足原定官股 100 万元之外，又继续增拨官股 300 万元，使官股在陕西省银行资本总额中占绝对优势，自此陕西省银行的经营较以前有了较快的发展。从 1937 年年底到 1940 年 6 月两年半间，陕西省银行的存款从 330 多万元猛增到 2600 多万元，放款总额从 700 多万元跃至 2300 多万元。

（一）分支机构与内部组织机构方面

陕西省银行不仅业务活动有了突飞猛进的发展，其分支机构也在不断增加。截至 1940 年 12 月，省境内有分行 1 个，办事处 39 个，正在联络筹办者十几处。陕西省银行在 1940 年的 41 个分行中有 27 个布于关中区，14 个集于陕南区。

陕西省银行 1938 年增资后于总副理下，设总务、营业、会计、出纳、金库、稽核和农贷七科，发行、储蓄、信托三部及一经济研究室。内部组织机构更形完善，所营业务也逐步健全。

（二）贷款方面

陕西省银行自 1938 年以后，极力扶植军需及生产建设事业，从 1938—1941 年 6 月前后贷放款额共计 2290 余万元。其中，泾湄渠工程抵押借款、第×战区购粮委员会、陕西省企业公司、第一军需区、财政部盐务局陕北运输总处西安办事处、财政部陕西盐务办事处 6 家，均为贷款金额在百万元以上的银行重要放款大户。贷款金额依次为 350 万元、334 万元、290 万元、200 万元、150 万元、100 万元。此外，列为重要放款户名表的还有韩宜路工程借款，裕民造纸厂、西京机器修造厂、中南火柴公司、大华制革公司、西北合记打包公司、陕西省农业改进所、陕西灾童教养院、西北文化服务社、同官煤矿管理委员会、虢镇难民纺织厂、第一便民质、集成便民质等。[①] 可以看出，陕西省银行的放款对象涉及纺织、煤矿、化工、电力、机械、

———————

① 郭荣生：《抗战期中之陕西省银行》，《经济汇报》1942 年第 6 卷第 10 期，第 78—80 页。

造纸、制革、金融等多种行业，行政、工矿、文教、农业、军事、交通、水利、福利等多个部类。

陕西省银行于 1933 年开始举办农贷，起初因资力有限，业务进展十分缓慢。1938 年，陕西省合作委员会成立，订立农贷机关划区贷款之规约，省行遂与之签订贷款合约，不遗余力地办理农贷。1939 年 7 月，设农贷科专司其事。农贷有信用合作社贷款、棉种推广贷款等数种。各项贷款余额，截至 1940 年 10 月底，共为 1536489.38 元。

（三）汇兑业务方面

至于汇兑业务方面，因分支机构扩大，汇款随之激增。1940 年汇兑数额较之 1938 年汇兑数额，增加 9 倍以上。1938 年陕西省银行与四川省银行订立通汇合约，对川陕商务提供极大便利。银行分支机构，多限于省境，境外分支行处亦多布于内地。抗日战争以前，陕西省银行就曾在天津设有办事处。财政部对于各省地方银行在省外设置分支行处，曾于 1940 年 12 月明令限制。1941 年陕西省银行呈财政部批准于重庆、平凉二处设立办事处，专营汇兑业务。

（四）收购物资及裕泰贸易总庄设立

抗日战争进入相持阶段后，北部重镇太原、张家口的失守使西北地区的民族危机更加加深。邻省的沦陷使陕西省有唇亡齿寒、大敌压境的紧张局势。另外，日军开始改变进攻方略，一方面大肆抢购军需战略物资，另一方面在敌占区内禁止法币流通，并发行伪币，强迫流通，以扰乱后方金融，同时收购法币以套取外汇。

为此，国民政府在 1939 年 3 月召开的第二次地方金融会议上决议将办理收购物资、收兑金银作为省地方银行任务之一。陕西省银行谨遵此案，于 1939 年 5 月成立信托部，以经营投资企业、收购物资、收受信托存款、承借信托放款、经营房地产、办理仓库等为主要业务。1940 年 4 月，成立裕泰贸易总庄，专门从事收购有关抗日战争物资。据统计，裕泰贸易总庄从成立到 1941 年 6 月底 14 个月的时间里，收购的土布、棉花、棉纱、羊毛、牛皮、猪鬃、药材、桐油、土纱、茶叶等，价值近 500 万元。抢购各省土产运销国外，一方面，可繁荣本省国统区农工经济，结取外汇；另一方面，免为敌寇利用，正可以增强我军对敌军的经济实力，对于支持抗日战争胜利准备了一定的物质基础。

（五）兴办企业

信托部还直接投资兴办两家企业，即西京机器厂与启新印书馆。西京机器厂由信托部拨给资本 9 万元，准予透支二三十万元。西京机器厂在存续期间，以承揽制造资源委员会之大批车床，益生造纸厂之造纸机器，西华酒精厂之提炼酒精机器，印刷厂所用之圆盘机等，为主要业务内容。①

（六）代理省库、县库业务

陕西省银行协助政府推行财政金融措施主要有三：推行省县公库制度，推销节约建国储蓄券，收兑金银。1938 年《公库法》公布，陕西省银行代理陕西省省库。截至 1940 年年底，共成立总支库 30 处，1941 年增设 13 处。1942 年起，省级财政归于中央统收统支，省库全部取消，由省行县级分支机构代理陕西省一部分国库支库，并代理各县县库。之后，随各县县银行的设立，县库业务逐渐移

① 郭荣生：《抗战期中之陕西省银行》，《经济汇报》1942 年第 6 卷第 10 期，第 81—82 页。

交各县银行接办。

从 1940 年起，陕西省省银行与中国银行、中央银行、交通银行和中国农民银行四行及邮局订立契约，代理推销节约建国储蓄券，吸收游资，实行通货紧缩。1940 年、1941 年两年合计实销 6399000 千余元，约占陕西省实销总额的 40%。

（七）收兑金银

从 1938 年下期，陕西省银行与中央银行订立代理收购金银合约，进行收兑金银。截至 1941 年 6 月底，共计收购生金一千二百二十三两九钱零六厘；生银二百七十两零七钱四分；银币一十一万三千零六十一元，折合国币计三十八万七千六百三十元零七角二分。①

（八）发行辅币券

1935 年法币政策实施后，发行权初步集中于中中交农四行。但陕西省银行仍享有发行辅币券等小额钞券之特权。但到抗战时期，鉴于四行发行之钞券常在沦陷区及游击区内为敌伪所吸收，用以套取外汇，财政部着令省地方银行酌量发行一元券及辅币券，以应战地需要，其中陕西省经财政部核准领回之旧券及印铸之新券，合并元券及辅券计算为 6800 万元。②

综上所述，陕西省银行在抗日战争后步入了一个崭新的发展阶段，其发展水平和发展速度均与战前不可同日而语。抗日战争是中华民族争取民族独立自由的一场正义之

---

① 郭荣生：《抗战期中之陕西省银行》，《经济汇报》1942 年第 6 卷第 10 期，第 84 页。

② 徐继庄：《我国省地方银行问题》，《金融知识》1942 年第 1 卷第 6 期，第 3—4 页。

战。抗日战争期间，西北地区尤其是陕西、甘肃两省以此为契机，迎来了政府的高度重视和主动投资开发，西北金融网建设也因纳入国民经济计划的重点建设项目而走上快步发展的道路。这是值得充分肯定的。

二　甘肃省银行

抗战军兴，兰州地处国际交通要道，为沟通战时国都——重庆、抗日战争前方与苏联之间的中转枢纽，在运输国际援助我军的战略物资和开展对外贸易上占有至关重要的地位。在中央政府三令五申督促加快西北金融网建设的压力下，甘肃平市官钱局于 1938 年资本增加为 100 万元，扩展分局及办事处至 22 单位，并不断扩充内部组织，推广营业区域。1939 年 6 月奉财政部令改组为甘肃省银行，完全由省库出资，资本额为 800 万元。

（一）收购物资，沟通对外贸易方面

甘肃省银行成立后，即积极投身于支援抗战的活动中。甘肃省银行于 1939 年下半年受贸易委员会委托，收购本省外销土产如羊毛、板皮、羔皮、哈尔皮、獾皮、山羊绒、老羊皮、猾皮及其他皮货，共值 14 余万元。至 1940 年年底，该行贷借贸委会收购物资资金达 2000 万元。[①]

（二）支持省内工业发展方面

甘肃省银行对于发展省内工业特别注意和支持。具体方略既包括直接采购先进生产机器设备，也包括向企业的贷款支持。例如，"该省产纸不适用于印刷，该行特由西南各省采购工具，低价放于纸坊，以求改良，计先后投资约

---

① 胡铁：《省地方银行之回顾与前瞻》，《金融知识》1942 年第 1 卷第 6 期，第 24 页。

计三十万元"，"甘肃土布需要迫切，该行采购仿制便利轻巧之织机，借于机户，分期还款"，"甘肃磁业，本不发达，该行助以资金，使其扩充"，"同时又贷给中国工合西北办事处五十万元以助其发展西北工业。"① 甘肃省银行从抗日战争开始至1944年，工矿业贷款在其贷款结构中所占的比重很大，1943年，贷款总额7775.9万元，其中，工矿业贷款3310.2万元，占42.57%；1944年的贷款总额34310.1万元，其中，工矿业贷款11785.5万元，占34.35%。

甘肃省的近代工矿业由于获得了较多的银行贷款的扶植，所以，在抗战期间发展较快，如兰州地区的工厂数量，战前只有25家，战后一跃而达81家。许多工厂的手工操作由机器设备所代替，如原来完全靠人力开采的煤炭业，抗战时期也购置了采掘、运输、提升和排水设备，煤炭产量逐年增加。全省烟煤产量1942年为3249吨，1943年为7864吨，1944年为14326吨，1945年为18959吨。由此可见，抗战期间，甘肃省银行以大量资金投放工矿业，无论是从加快技术进步还是促进生产规模扩大的角度来说，都在一定程度上起到了扶植生产、促进近代工业发展的积极作用。

（三）组织机构敷设与扩大业务范围辐射面

甘肃省银行1943年已有77个分支机构，至1945年又扩充为78个，省外有南京、西安两办事处，上海、重庆两个汇兑组，对于普设金融网，促进乡村建设，扶助省内各地小手工业之发展，均发挥了一定的作用。1946年，为了省际金融间收解便利，先后与上海储蓄银行、陕西省银行、河南省银行、重庆建国银行、贵州省银行、青海省银行、

---

① 章云：《我国省地方银行之发展》，《陕行汇刊》1943年第7卷第3期，第21页。

宁夏省银行订立通汇合约，扩大了汇兑范围。

（四）省行作为省库发挥的基本作用

甘肃省银行除收购出口物资换取外汇，还垫出大量资金用于购储存粮及促进水利、合作畜牧事业，并按规定比例以现金、有价证券等作为保证准备金，交中央银行以维币信。1938 年，甘肃发行建设公债 200 万元，全由建设厅向省银行抵押借款，1939 年继续发行 800 万元，仍由省行尽力消纳吸收。中央银行发行之节约储蓄券，省行也购 200 万元以上。

（五）直接向企业投资方面

举例来说，截至 1945 年，投资华西建设公司 5 万元，裕陇仓库 50 万元，甘肃合作金库提倡股 200 万元。[①] 1944 年，甘肃省银行与交通银行合组兴陇工业股份有限公司，资本拟定 2000 万元，董事长由兰州交通银行经理郑大勇担任。该公司投资的工厂有印刷、化学、营造、造纸 4 厂。同时甘肃省银行还投资华亭瓷业公司等企业。

三　宁夏银行

马鸿逵于 1938 年夏将宁夏国家银行改为地方官民合资之宁夏银行，不受中央银行节制。其时宁夏银行有官股 10 万股，民股 5 万股，每股 10 万元，共有股款 150 万元，马鸿逵自任银行董事长。20 世纪 40 年代初，为了完全控制宁夏银行，马鸿逵又下令追加股款至 400 万元，迫使中小股东退股。在马鸿逵完全控制下的宁夏银行，不仅垄断宁夏全部存款、汇兑、贷款、贴现等业务，并发行辅币，同时

---

① 张令琦：《解放前四十年甘肃金融货币简述》，《甘肃文史资料选辑》第 8 辑，1980 年版，第 129—174 页。

还统管全省军政经费和所有税款。

宁夏银行除代理省金库外，并经营存放、汇兑、贴现等业务，还受国民党政府财政部委托统制羊毛增加外汇。1938 年、1939 年两年宁夏省银行派员分赴各县收购羊毛、驼毛、皮件、枸杞、甘草、羊肠、猪鬃等，交由财政部贸易委员会转运出口。① 宁夏银行在抗日战争期间年平均出口货物数目如表 3－4 所示。

表 3－4　　　　　宁夏银行抗日战争期间年出口货物数目统计

名称	年收购总额	附注
羊毛	1874000—2500000 斤	由国民党政府财政部出口
驼毛	172818—300000 斤	由马出口
羊绒	10000 斤	由马出口

资料来源：中国人民政治协商会议甘肃省委员会文史资料研究委员会：《甘肃文史资料选辑》第 16 辑，甘肃人民出版社 1983 年版，第 78 页。

表 3－4 显示，宁夏银行抗日战争期间出口货物主要为羊毛、驼毛和羊绒，其中，羊毛年收购总额为 1874000—2500000 斤，驼毛为 172818—300000 斤，羊绒为 10000 斤。

宁夏银行于定运营、同心、陶乐、磴口等地设有办事处，于中宁、金积、灵武、中卫、平罗、惠州堡、宁朔等地设有分行，构成了一个全省金融剥削网。

抗战爆发后，为稳定金融，安定人民生活起见，省政当局严禁将金银运往敌伪区域，查禁敌伪钞票，严禁无息借贷，使宁夏金融虽接近敌伪区域，仍能保持常态，稳固

---

① 徐继庄：《我国省地方银行问题》，《金融知识》1942 年第 1 卷第 6 期，第 8 页。

不摇。[①]

宁夏银行还投资或自办近代工业。由宁夏银行独资经办之工厂计有利宁甘草膏制造厂，资本40万元，后因甘草膏滞销，改为造纸厂；光宁火柴厂，资本30万元。与地政局合办的兴夏织呢厂，由宁夏银行投资30万元；与商界合办的宁夏省电灯公司，宁夏银行投资5万元。1943年放款额中工业放款占85％，商业放款15％，利率由月息一分五厘至二分。[②] 其他如兰鑫炼铁公司、光华陶瓷公司、德昌煤矿、德光煤矿、兰鑫机器厂、面粉公司等十几个主要企业，莫不以宁夏银行的投资为主要资金来源。

四　青海省银行与湟中实业银行

1938年，中国农民银行设西宁支行，中国银行设西宁办事处，1939年中央银行设西宁分行，1940年四行联合办事处西宁总处成立，办理发行纸币及代理国库、汇兑、存放款等业务，侵犯了马步芳家族在青海独占的金融权益。

马步芳是青海省的土皇帝，在青海省境内的金融业、贸易界、商贸领域等各行各业中独步天下，一手遮天，实行的是以暴力为后盾的集权主义、家族主义的统治方式。他绝不容许外界哪怕是中央政府问鼎青海省的一切事务。1945年成立的青海省银行，是青海省与中央银行合资经营，资本总额为法币2000万元，分为20万股，每股100元，中央与地方各占股金金额的半数。中央股金由国库拨给；地方股金由省军政费拨充，实则完全为马步芳所控制，并攫为己有。

---

① 贝文:《宁夏金融之今昔观》,《新宁夏》1946年创刊号, 第19—20页。

② 胡元民:《西北五省之金融业》,《金融知识》1943年第2卷第4期, 第78—79页。

青海省银行在当时是作为国家银行在西宁分行的对立物出现的。马步芳责成青海省银行代理省金库，运用军政权力使所有公私存款俱存于省银行，企图对中央四行分行的行政和业务活动给予限制，防止其通过染指金融业，逐步控制、削弱和剥夺马步芳在青海的政治经济势力。

马步芳还于1946年成立湟中实业银行，发行银元"角票"，拒绝使用法币，并通令全省各界将其持有的麸金、砂金，统交由实业银行兑换，禁止私人交易，以此垄断黄金买卖，实行金融统制。在市面上，实际决定金价的是实业公司及其分支机构。"黄金收兑价格由实业公司操纵，与中央银行西宁分行的纠纷迭起，使中央银行西宁分行挂出的黄金兑换牌价，形同虚设。"①

马步芳对于国家资本金融势力向青海的渗透持警戒和斥拒态度，并以湟中实业银行、青海省银行限制之，处心积虑地排挤和抵制国家银行在青海业务的发展，使国家资本金融势力不致对其庞大的家族统治体系构成威胁。这是青海地方金融业发展较诸西北他省的一大特色。

第三节 县银行的设立和推广

一 抗战时期县银行推设的典范——陕西省县银行的发展历程

抗日战争期间，为了开发西北农业，活跃农村经济，在国民党政府的统一布置下，陕、甘两省积极促进县银行

---

① 陈秉渊：《马步芳家族统治青海四十年》，青海人民出版社1986年版，第204页。

的发展。县银行主要目标是调剂农村金融，发展农村合作事业，不以营利为目的。资本来自县乡筹公款、人民集资，以各县乡镇为营业区。业务除代理公库收受普通存款外，贷款分农村放款、商业贴现、生产投资及透支各项。县际汇兑也为其主要业务之一。"各行多已分别订约通汇，并有与商业联系办理省际汇兑者，通达各通都大邑，沟通县际金融。"①

陕西省政府对于推设县银行十分积极。陕西省共计 92 县，除陕北 19 县属于陕甘宁边区管辖外，余共 73 县。从 1941 年 1 月开始筹设县银行，截至 1944 年上半年，先后成立 61 家县银行，推设数量居当时全国第二名（四川为第一名）。各行资本总额统计共达 38236897 元，每行资本额最多者 250 万元，最少者 15 万元。平均每行资本逐年呈递增趋势，1942 年为 40 万余元，1943 年为 50 余万元，1944 年为 60 余万元。

为配合县银行的筹备工作，陕西省前后组织三期训练班培训县银行学员，前两期由陕西省立政治学院承办，第三期由省训练团接办。三期学员合计为 222 名，均先后派赴各县担任县银行筹备工作。大批懂得现代金融知识与技能的专门人才的培育和成长，为县银行从速、规范开业准备了组织基础。

各县银行初期以办理存放款及代理县库为主。以县库存款为多，放款方面多侧重商贷。后经调整，增加农村放款和生产事业投资，以发展地方经济建设。1942—1944 年

---

① 岳炉:《对于陕西省地方金融今后之寄望》,《陕政》1945 年第 7 卷第 1、2 期（合刊），第 50 页。

三年中，1942 年举办生产事业者 30 行，投资总额 1974800
余元，平均每行投资额 6.5 万余元。1943 年办理生产事业
投资者 45 行，投资总额 460038 余元，平均每行投资数额
为 110230 余元。1944 年上期各行共举办纺织、磨粉、造
纸、制腊、印刷等工厂核计 31 余所，投资及放款于各工厂
的金额，共计达 3970 余元。

陕西县银行的推设进展甚速，并有了初步的发展和长
足进步。唯因各县银行营业领域以县境为界限，且省内各
县银行并无统筹安排之中枢机构，县际之间金融划拨与商
业汇兑，无由调度，备感不便。后财政厅饬令本省最早成
立之长安县银行负责沟通各县际汇兑业务。于是长安县行
于 1942 年下半年开始，与关中及陕南各行分别订约通汇，
其他如渭南、蒲城、三原、兴平、南郑、临潼、安康等行，
也均与其他各行分别订约互解汇款。至 1943 年各行大多订
约通汇，全体收解汇款达 6000 余万元。1944 年上期通汇虽
因长安县行人事关系一度中断，但经恢复后各方致力经营，
各行收解汇款总额仍达 7000 余万元。

综上所述，陕西县银行的组织筹设工作和业务经营均
取得了良好的收效，对于投资生产事业、复兴农村经济、
改善人民生活起到了一定的作用。因基础稳固，营业规范，
信用卓著，不仅在当时成为其他省份的县银行模仿学习的
先进典型，就是在当今，对我国地方中小金融机构的管理，
也有某些可资借鉴之处。

二 甘肃省县银行的发展

甘肃省境内市县银行的推设较陕西省县银行逊色一筹，
除兰州市银行系于 1942 年成立之外，其余县银行均为 1947
年、1948 年两年中开办。因成立时间短，资金短绌，对于

县地方经济事业之推进，作用有限。

截至 1948 年 1 月 1 日，甘肃省内经财政部核发执照的县市银行仅有兰州市银行、天水县、清水县、武威县、临洮县银行 5 家。① 而据张令琦在《解放前四十年甘肃金融货币简述》一文中所述，甘肃省银行在 1948 年计有武威、岷县、天水、武山、清水、张掖、平凉、西吉、泾川、临洮十县县银行。

表 3 - 5 综合反映了抗战后期西北各省县地方银行总分支行处的设立情况。

表 3 - 5　　　　西北各省地方银行设立行处数目

(1943 年 6 月底止)

行别	陕西省	甘肃省	宁夏省	新疆省	总计
陕西省银行	48	2			50
陕北地方实业银行	7				7
甘肃省银行	1	45			46
宁夏银行		1	10		11
新疆商业银行				37	37
县银行	39				39
总计	95	48	10	37	190

资料来源：李京生：《论西北金融网之建立》，《经济建设季刊》1944 年第 2 卷第 4 期，第 155 页。

表 3 - 5 显示，西北各省地方银行主要包括陕西省银行、陕北地方实业银行、甘肃省银行、宁夏银行、新疆商业银行及各县银行。截至 1943 年 6 月，西北各省地方银行

---

① 赵从显：《甘肃地方金融机构一元化问题》，《西北论坛》1948 年第 1 卷第 4 期，第 10 页。

设立行处中，数量最多的为陕西省，计有 95 处，其次为甘肃，计有 48 处，再次为新疆，计有 37 处，宁夏末之，为 10 处。

第四节 信用合作社与合作金库等农村 金融机构的设立和活动

合作制是欧洲产业革命后，随着资本主义经济的发展而出现的一种社会组织形式。五四运动前后，合作制思想传入中国。孙中山早在 1919 年《地方自治开始实行办法》的演讲中，就提出发展工业、农业的合作事业。1920 年华北五省大旱，灾情严重，灾民达 2000 万人。社会各界纷起救济，各种义赈救灾组织纷纷成立。1921 年 11 月，这些义赈团体联合组成"中国华洋义赈救灾总会"，其总部设在北京。

1923 年，华洋义赈救灾总会制定《农村信用合作社章程》，同年 6 月在河北香河县创办中国第一个农村信用合作社。中国华洋义赈救灾总会倡办的农村信用合作运动，多集中在河北省。据统计，从 1923—1927 年 5 月，该省合作社由 8 个增至 561 个，社员由 256 人增至 13190 人，已缴股金由 286 元增至 20698 元。

1928 年以后，尤其是 1931 年以后，在南京国民政府大力推动和倡导下，中国农村合作运动在全国农村普遍开展起来，农村合作社数量已达到 37318 家，社员增至 1643670 人。这些合作社主要分布在江苏、河北、浙江、山东、安徽、江西等共 16 个省。在全国组织的各类合作社中，以信用、运销、生产、消费等合作社为主，其影响也较大。而其中，信用合作社为整个合作事业的主流。据统计，1933年信用合作社占全部合作社的 82.3%。但随着合作社总数的增长，信用合作社的比例逐渐降低，到 1936 年已降至55.3%，但仍占据第一位。[①]

从整个社会发展进程来看，农村合作经济是由传统的家庭经营过渡到现代家庭经营的桥梁，是促进家庭经济与商品经济有机结合的媒体，也是农业现代化经济格局形成过程中的重要环节。国民政府在 20 世纪三四十年代倡导的农村合作运动，客观上顺应了个体小农经济向社会化生产经营发展的趋势，在中国农村现代化的进程中留下了印迹。

义赈会在江淮一带卓有成效的工作在当时引起陕西省主席邵力子的注意，1934 年年初，邵力子邀请义赈会干事章元善到西安，筹办陕西省的合作事业。章元善被任命为陕西省合作事业局主任，主持一切工作。章元善即从义赈会及河北各县合作社抽调来大批业务骨干，开展工作。20年代末 30 年代初，西北接连发生旱涝灾害，饥荒连年，农民亟须低利借款以资救济。而西北一般借贷利率又较其他各省为高，严重地阻碍了农村的灾后恢复工作。鉴于此，义赈会协助陕西省政府进行陕西农村金融状况调查，根据调查情况，再指导合作社业务。到 1936 年 2 月，共计调查村庄 3289 个，县数 41 个，指导组织合作社 2303 个，其中已被官方承认社数为 2235 个，贷款总额达 47 万元。[②] 另据陕西省农业合作事务局统计，从 1934 年 8 月起到 1936 年 6

---

① 傅宏:《民国时期农村合作运动评述》,《徐州师范大学学报》(哲学社会科学版)2000 年第 26 卷第 4 期，第 81—85 页。

② 张士杰:《中国近代农村合作运动的兴起和发展》,《民国档案》1992 年第 4 期。

月止，农业合作社共发放农贷借款 833488 元。[1]

甘肃农村合作事业，实际上是从 1935 年 5 月中国农民银行兰州分行成立后倡始的。倡办之初，只在皋兰、榆中两县活动，是年共组织信用社 51 所，发放农贷 6 万余元。[2]到 1936 年 5 月，已组织信用合作社 95 处，贷款 11 万余元。

甘肃省农村中组织的合作社，绝大部分是信用社。主要原因是信用社业务简便易行，为农民乐于接受；再者农村中资金枯竭、高利贷盛行，组织信用社流通金融，确为当时农村所迫切需要。当时甘肃农村的信用社还办理储蓄，附设农仓储蓄粮食，并兼办一种以上的生产业务，这也是信用合作社发展比较迅速的一个原因。据统计，到 1936 年，全国共有 37318 个合作社，其中西北地区，陕西 2066 个，甘肃 244 个。

抗日战争全面爆发后，随着广州、武汉的失守，中国农工生产的富庶之地几乎全为日寇所侵占，国民政府所赖以生存的大后方仍是中国经济最不发达的地区。同时，农村耕地和耕畜同步减少所形成的恶性循环，使大后方本来就落后的农业生产更加濒临崩溃的边缘。为了维持偏安西南的国民政府的生存，为了坚持抗战，就必须扶持和发展大后方的农业生产。于是国民政府在《抗战建国纲领》中，明确提出了"全力发展农村经济，奖励合作，调节粮食，并开垦荒地，疏通水利"的指导思想。并在 1939 年 11 月

---

① 马建昌：《抗日时期国民政府开发西北农业问题研究》，硕士学位论文，西北大学，2003 年。

② 魏永理、李宗植、张寿彭：《中国西北近代开发史》，甘肃人民出版社 1993 年版，第 83 页。

召开的"国民党五届五中全会"和"国民政府第一次全国
生产会议"上具体拟定了战时农业生产政策，其中，重要
的一条就是开展农业合作运动，增加农业贷款，建立健全
农村金融机构，大力倡导生产合作和消费供给合作，通过
调节农村金融以缓解战时大后方农业资金枯竭的问题，通
过组织农村信用社来缓解农村中劳动力不足的问题，以达
到发展农村经济的目的。

在国民政府的推动下，大后方广大农村普遍开展农村合
作运动，其合作社的数量和入社的社员数量逐年都有明显增
加。农贷资金的主体由用于生活救济而转向用于发展生产和
运销，标志着抗战时期农业合作运动质量的提高。在中央和
地方的共同努力下，抗战时期西北农村合作事业取得了显著
的成绩。西北各省合作事业的迅速发展如表 3－6 所示。

表 3－6　抗日时期西北各省合作社及社员人数统计

单位：个、千人

年份	陕西省		甘肃省		宁夏省		青海省		新疆省	
	合作社数	社员人数	合作社数	社员人数	合作社数	社员人数	合作社数	社员人数	合作社数	社员人数
1938	4569	244	2562	14	—	—	—	—	—	—
1939	5738	268	4681	230	—	—	—	—	—	—
1940	9780	428	5561	270	189	16	—	—	—	—
1941	11542	556	6659	365	359	36	—	—	—	—
1942	11260	593	6752	373	395	46	—	—	—	—
1943	12306	1070	6197	444	651	69	—	—	—	—
1944	11206	1236	6105	510	728	74	—	—	—	—
1945	9345	1341	5637	577	788	77	218	89	—	—

资料来源：马建昌：《抗日时期国民政府开发西北农业问题研究》，硕士学
位论文，西北大学，2003 年，第 30 页。

表 3–6 显示，陕西、甘肃、宁夏、青海各省农村合作事业均有不同程度的长足发展。西北诸省之中，尤以陕西省合作社数及社员人数发展格外兴盛。至 1945 年，陕西共计合作社数 9345 个，社员人数有 1341 千人。甘肃计有合作社数 5637 个，社员人数 577 千人，宁夏计有合作社数 788 个，社员人数 77 千人，青海计有合作社数 218 个，社员人数 89 千人。

这里，需要特别指出的是，截至 1940 年 5 月，大后方 15 省"所登记的合作社，有 8 万余。可是全数中 80% 均属信用合作社。生产合作社只占 8%。运输合作社不到 2%。其余有如消费、公用、购买等合作社，只占 10% 的光景。于是可知我国所谓合作运动，大部分实际是农贷运动的别名"。

合作金库是在合作社普遍发展的基础上，在农贷机构，特别是农本局、国家行局及各省银行的指导和协助下，由各合作社共同组织并共有的，并以筹集、调剂和供给合作社农贷资金为任务的专门金融机构。在国民政府构建的金融网中，国家行局是农贷的主要提供者，合作金库是联结国家行局与合作社的主要中介结构。国家行局将一部分贷款贷给合作金库；而合作金库则将款转放给农村合作社；合作社再将款贷给农民。这样一来，以"四行二局"为中心，农村合作社和省、县合作金库与各金融机构在各省、县的分支行处构成了一张覆盖面极广的后方农村金融网。

合作金库的资金来源，主要有两条途径：一是合作社认股；二是各行局和政府机关按一定比例认购提倡股。据统计，在 1941 年，西北仅有陕、甘两省成立了合作金库。陕西省共有合作金库 16 所，甘肃省有 19 所。

合作金库，从理论上讲，应该是信用合作联社，是各级信用合作社层层入股联合而成的金融机构团体，负责主管各下层众多信用合作社的统筹机构。即为由下而上的、自发自愿结成的，适应一定区域内的特定群体小额抵押、信用贷款需求的金融集团。是各级基层合作社自然发展的更高层次和必然归宿。但由于甘肃省农村经济十分落后，合作事业尚不发达，合作社组织也欠健全，因此甘肃省合作金库系自上而下、在政府的牵头和督导下，由省府与省银行共同投资筹设的。具体情形是由省政府拨800万元，省行拨300万元，合共1100万元为提倡股，并向各县级基层组织极力宣传招募认购合作金库股份。

甘肃省合作金库正式成立于1943年11月，截至1946年10月，合作金库共有资本1800多万元，普通股只占230多万元。[①] 因此，合作金库业务最初多由省银行兼办，1945年11月始移地划出独自营业。

甘肃省合作金库虽然根基尚浅，但在甘肃省银行的鼎力相助之下，仍然取得了骄人的业绩，对发展甘肃农村经济事业、稳定物价均有相当贡献。其经营最成功的当属实物贷放业务。

据时任甘肃省主席的朱绍良讲，"合作金库于1944年2月开始举办粮贷，先只有9县，现已扩展到23个县，由940余石麦种，增加至4.2万余石，期限10个月，利息二分七厘，亦收实物，是与省行合办的。现在合共有粮食5万石左右，计算每石成本不到4000元，照现在市价计算，

---

① 朱绍良：《三年来的省合作金库》，《甘行周讯》1946年第179、180期（合期），第3页。

约有五亿元以上盈余。"在物价极度震荡、通货高度膨胀的时代背景下发放实贷，对于减少现金贷放对新一轮通货膨胀的引致，避免银行由此造成的贬值损失，从而稳定物价，紧缩和控制通货膨胀都有一定的辅助作用。

"合作金库的放款性质有抵押贷款、信用贷款、信用供给贷款、农业生产贷款、工业生产贷款、运销贷款等项目。""1947 年合作贷款的结欠数为 2515000 万元，以农民银行比例最大，约 80%，省银行 13%，省合作金库 40%，'绥靖区'小额贷款 3%，其中农业生产贷款 25%，运销20%，合作社贷款，工业生产 1%，该库之实物贷放，着重由兰州、皋兰等 14 县合办春耕种子实物贷放，1947 年达34 县，售出小麦种子 40286756 市石。"1948 年 12 月，国民政府财政部将甘肃省合作金库改为中央合作金库甘肃省分库，甘肃省合作金库遂不复存在。

1946 年年底，甘肃省农村合作社社数、社员、股金情况统计如下：专营社 1507 社，社员 111860 人，人均缴股额为 816 元，总额为 91019102 元；乡保社 4119 社，社员总数 469163 人，股金总数为 72136102 元，平均每一社员所缴股金数为 154 元。

西北地区合作金库之所以发展较快，究其根本原因，实乃国民政府建立战时统制经济之需要。因为实际支撑合作金库的，除新成立的中国农民银行外，还有原先成立的中央银行、中国银行、交通银行三银行和中央信托局。"四行一局"通过对各省、市、县合作金库的支撑和控制，实际上控制着西北的整个农村金融，这也在一定程度上实现了蒋介石集团削弱地方实力派，以实现"全国整合"的初衷。

信用合作社与合作金库等农村金融机构的普及，从总体来看，对当时农村经济的发展起到了一定的积极作用。这可从抗战时期农村借款利率及农民借款来源反映出来。

表 3 - 7　　　　1938—1945 年合作社贷款和高利贷

月利率对比统计　　　　　单位：%

	1938 年	1939 年	1940 年	1941 年	1942 年	1943 年	1944 年	1945 年
合作社贷款	1.2	1.2	1.2	1.2	1.3	1.5	2.8	3.5
高利贷	2.7	2.9	2.3	2.8	3.1	4.6	7.6	11.1

表 3 - 8　　　1938—1945 年农民借款来源百分比统计　　　单位：%

金融业	1938 年	1939 年	1940 年	1941 年	1942 年	1943 年	1944 年	1945 年
银行、合作社、合作金库	27	33	38	51	59	59	52	50
高利贷	73	67	62	49	41	41	48	50

注：调查地区包括浙江、江西、湖北、湖南、四川、河南、陕西、甘肃、青海、福建、广东、广西、云南、贵州、宁夏 15 省。

资料来源：马建昌：《抗日时期国民政府开发西北农业问题研究》，硕士学位论文，西北大学，2003 年，第 31 页。

表 3 - 7 显示，1938—1945 年，合作社贷款利率最高为 3.5%，1938—1941 年一直稳定在 1.2%，而同期高利贷利率最高为 11.1%，较之合作社贷款高出 7.6 个百分点。

表 3 - 8 显示，1941 年之前，农民借款来源中有 50% 以上来自高利贷，1941 年之后，这一比例才逐渐降至 50% 以下。1938—1940 年，农民借款来源中来自高利贷的比例分别为 73%、67%、62%。

　　从表 3 - 7 和表 3 - 8 可看出，合作社贷款的贷款利率较之高利贷来说，明显要低得多。相比之下，农民当然更希望能从合作社获得农业贷款。1938—1942 年，高利贷在农民借款中的比例是逐年下降的，1943 年之后虽然有所反弹，但总体来说，是大大低于抗战初期的比例的。因此可以说，国民政府在后方开展的农贷在一定程度上遏制了高利贷对农业经济的掠夺和破坏，同时也说明农民对于银行、合作社及合作金库的信赖程度。

　　信用合作社不仅为农村提供了一定数量的信贷资金，而且用低息的贷款使农民缓解了高利贷的盘剥，在适时地解决农民资金需求的问题上发挥了重要的作用。另外，通过放款于信用合作社，使过于集中都市的资金部分地流向农村，既补充了农村资金不足，活跃了农村经济，又活跃了城市金融。总之，西北地区农业合作运动的推展对于发展西北地区农业生产，改革西北农业落后局面，缓解农村金融枯竭问题，稳定战时经济和坚持持久抗战都是有积极意义的。

第五节　沦陷区大批金融机构的西迁及活动

　　1937 年卢沟桥事变后，沿海各地大中城市陆续沦于敌手，大批商业银行和省地方银行被迫内迁，如河南农工银行、山西省铁路银行联合办事处、山西裕华银行、四明银行、川康银行、云南兴文银行、亚西实业银行、四川美丰银行、中国通商银行、建国银行、绥远省银行、河北省银行先后到西安设立分支行。甘肃省银行也于 1943 年在西安设立分行。

抗日战争后期随着东南诸省的大批沦陷，内迁西北的商业银行和地方银行在数量上有了明显的增多。兹以陕西省为例说明之。

表3-9 抗日战争前及抗日战争时期在陕西开设的商业银行统计

银行名称	行址	经理人	总行资本额（万元）	开设时间	备注
上海商业储蓄银行	西安	经春先	5	1934年12月	分行
金城银行	西安	刘知敏	7	1935年10月	支行
山西裕华银行	西安	姬莫川	5	1942年1月	办事处
川康平民商业银行	西安	张六师	10	1943年1月	分行
四明银行	西安	蒋鼎五		1943年1月	分行
亚西实业银行	西安	姚伯言	5	1943年1月	分行
云南兴文银行	西安	李敏生	16（滇币）	1943年2月	分行
四川美丰银行	西安	周尊生	10	1943年2月	分行
建国银行	西安	张洁然	5	1943年4月	分行
中国通商银行	西安	王宝康		1943年3月	分行
永利银行	西安	郑痛生		1943年7月	分行
中国工矿银行	西安	沈翔令	5	1943年9月	分行
华侨兴业银行	西安	陈光	3	1943年12月	分行
大同银行	西安	濮思肼		1943年11月	分行
中国通商银行	宝鸡	石际云		1943年5月	办事处
金城银行	宝鸡	钱遐亭			办事处
上海商业储蓄银行	宝鸡	吴季虎		1938年12月	办事处
四明银行	宝鸡	钱崇注		1943年11月	办事处
金城银行	南郑				办事处
永利银行	宝鸡	李肇林		1943年12月	办事处

资料来源：魏永理、李宗植、张寿彭：《中国西北近代开发史》，甘肃人民出版社1993年版，第461—462页。

表3-9显示，抗日战争时期在陕西开设的商业银行在西安计有14家，宝鸡计有5家，南郑1家。合计20家。

表3-10　　　　各省地方银行在陕设立办事处统计

银行名称	行址	经理人	设立时间	备考
河南农工银行	西安	郭鹏飞	1939年6月	办事处
甘肃省银行	西安	周敬远	1942年1月	办事处
河北省银行	西安	武谪尘	1941年10月	办事处
绥远省银行	西安	张培文	1942年5月	办事处
湖北省银行	安康		1936年5月	办事处
山西省省铁两行联合办事处	西安	白珺如		办事处

资料来源：魏永理、李宗植、张寿彭：《中国西北近代开发史》，甘肃人民出版社1993年版，第462页。

表3-10显示，抗日战争时期各省地方银行在西安设有办事处的计有5家。湖北省银行抗日战争前在安康设有办事处。

众多金融机构的迁陕，使陕西省的金融市场空前活跃，对促进西北农业、工业、矿业、商业各业的发展提供了较为松宽的金融环境，在支持陕西经济事业方面作出了突出贡献。

抗日战争前后期，内迁的商业银行也积极参与西北近代工业的开发。金城银行对于生产建设事业的直接投资为数甚巨。如1942年就在西北投资200万元创办陕甘实业公司。截至1944年7月，金城银行陕西分支行对于陕甘公司放款1460万元，西北垦殖社200万元。[①] 金城银行对宝鸡

---

① 金城档案：《刘知敏致戴自牧函》1944年7月13日，转引自中国人民银行上海市分行金融研究室《金城银行史料》，上海人民出版社1983年版，第701页。

大兴面粉公司（1934年设立）进行投资，1941年，该公司资本达90万元。金城银行还向西安华峰面粉公司（1935年设立）投资，1939年时，其资本为60万元；金城郑州分行经理金颂陶任该厂常务董事。又如中国银行投资创办西安中国打包公司，金城银行也向该公司投资。

1942年，四明银行、永利银行、长江实业银行、华侨兴业银行、上海信托公司、中国通商银行、山西裕华银行；1943年，大同银行、亚西实业银行等一批外地商业银行陆续在兰州设立分支行。1942年，新疆省银行、陕西省银行、绥远省银行等外省地方银行也纷纷来兰州设立办事处。1944—1945年，金城银行于西安成立西北区管辖行，下辖西安支行，宝鸡办事处，汉中办事处，平凉办事处，天水办事处。1947年3月裁撤平凉办事处，迁至兰州成立兰州支行。

绥远省银行曾于1940—1941年在宁夏省城和石嘴山设立办事处，开发转汇业务。1945年，商业性质的大同银行在银川市设立一分行，并在吴忠设办事处，经营存放款和汇兑业务。1945年8月，中国通商银行宁夏支行设立，经办存款、贴现、放款、汇兑等业务。①

兰州市还成立有宝丰保险公司、太平洋保险公司、中国保险公司、中国农业保险公司、合众保险公司等，经营各种保险业务。西安设有西北通济信托公司。②

表3-11显示，截至1942年11月底，西北各商业银行在陕西共计有8处，甘肃3处，宁夏1处。总计12处。

---

① 徐安伦、杨旭东：《宁夏经济史》，宁夏人民出版社1998年版，第197—198页。
② 杨重琦、魏明孔：《兰州经济史》，兰州大学出版社1991年版，第155页。

青海、新疆0处。表3-11反映了抗战时期内迁商业银行
在西北地区的大致分布情况。由该表可知，当时西北的商
业银行有上海银行等9家，且大都集中于陕西境内，这不
外是因为陕西比较接近沿海、交通方便的缘故。商业银行
在西北的活动区域，只限于陕西、甘肃、宁夏三省，在青
海与新疆根本看不到商业银行的足迹。原因在于商业银行
的主要目的在营利，故其设立地点以商务繁盛、交通便利
之地最为适宜。当时的青海、新疆地处边陲，交通不便，
农工商业都极其落后，且人口稀少、社会贫困，再加上盘
踞新疆的盛世才和盘踞青海的马步芳在各自的辖区内横行
无忌，自然不是商业银行营业的理想区域。

表3-11　　　　　西北各商业银行设立行处数目

(1942年11月底止)

行别	陕西	甘肃	宁夏	总计
上海银行	2			2
金城银行	2			2
长江实业银行		1		1
山西裕华银行	1	1		2
河北省银行	1			1
河南农工银行	1			1
山西省铁路银行联合办事处	1			1
绥远银行		1	1	2
总计	8	3	1	12

资料来源：李京生：《论西北金融网之建立》，《经济建设》（季刊）1944
年第2卷第4期，第156—157页。

第六节　20 世纪三四十年代西北五省
银行网络的比较与总结

在西北各省地方银行中，以新疆商业银行资本最为雄厚，实收资本新币 500 万元，折合国币 2500 万元。其次为陕西省银行，实收资本 500 万元。甘肃省银行 350 万元。宁夏银行 150 万元。以陕北地方实业银行殿后，仅为 50 万元。成立年限以陕北地方实业银行历史最为悠久，其次为陕西省银行，分别成立于 1930 年和 1931 年，其余皆抗战爆发后始设立。[①]

抗日战争以前，国家银行在西北的活动仅限于陕西、甘肃两省。抗日战争以后，国家银行开始涉足宁夏、青海、新疆，并于 1943 年成立中央银行迪化分行。四大国家银行在西北五省区的分支机构战前共计 22 家，抗日战争后截至 1943 年上半年，在西北共增设行处 56 家，较之抗日战争前增加两倍半。在增设数目中，中国银行 21 家，中央银行、中国农民银行各 12 家，交通银行 11 家。以甘肃增设数目最多，共达 25 家。青海省最少，仅 3 家，均在西宁。

截至 1942 年年底，西北五省中央银行、中国银行、交通银行和中国农民银行四行、省县地方银行与商业银行的总分支行为 275 家，较抗日战争前 82 家增多两倍以上。其中，甘肃的增加率最高，从抗日战争前 17 家增为抗日战争

---

① 李京生：《论西北金融网之建立》，《经济建设》（季刊）1944 年第 2 卷第 4 期，第 154—155 页。

后 80 家，增加近 4 倍。① 商业银行在陕西、甘肃、宁夏三省的分支行处悉由内地迁来。西北地区的商业银行多集中于陕西和甘肃两省。

陕西全省 92 县，截至 1942 年 8 月，已设银行者 61 县镇，共计设行 143 所，就其分布地区而言，关中区计有 39 县，已设行 88 所，正在筹设中者 17 所；陕南区计有 16 县镇，已设行 32 所，正在筹设中者 11 所；陕北区计有 6 县镇，已设行 6 所。

甘肃境内银行之分布，截至 1948 年 3 月底，共有大小分支机构 121 个，内总行 13 个，分行 23 个，支行 3 个，办事处或分理处 82 个。就设立主体分，计四行二局 24 个，甘肃省银行 71 个，市县银行 11 个，商业银行 14 个，分布地区集中兰州市者 23 个。其中组织庞大、分布最广者，首推甘肃省银行，其次为中国农民银行。各行局设行历史最久者为中央银行兰州分行，设于 1933 年 2 月，其次为中国农民银行，设于 1935 年 2 月，均有十余年以上之历史。

西北五省共辖 254 县市，截至 1942 年年底，已设银行者 155 县市，占总数 61%，平均每县市有 1.8 家银行成立。其中，一地一行者 105 县市，占所辖县市总数 41.3%；一地二行以上之县市，有 47 县市，占所辖县市总数 18.5%，平均每县约 3.7 家银行，其中最繁密的有一地（西安）设16 行者。另据刘永乾于 1946 年对西北各省重要金融机构所做不完全调查，西北金融机构总数约为 132 处，商营者 22 处，公营者 110 处，其中国营者 17 处，省营者 91 处，市

---

① 李京生：《论西北金融网之建立》，《经济建设》（季刊）1944 年第 2 卷第 4 期，第 156—157 页。

营者 2 处。①

　　综上所述，抗日战争期间，在西北地区已基本形成了一个以省、县银行为骨干，国家银行和商业银行为两翼，农村信用合作社和合作金库为支脉，覆盖广泛、功能齐全的金融网络。

---

① 刘永乾：《西北区银行动态之偏向》，《西北论坛》1947 年创刊号，第 27—29 页。

第四章 陕甘宁边区新民主主义
金融业的产生与发展

第一节 陕甘宁边区银行的成立

第二次国内革命战争时期，陕甘宁边区即设有陕甘晋银行，印发票子 10 万元，可兑现洋，以补助军费。1935 年冬，中央红军来到陕北，中华苏维埃国家银行工作人员参加陕甘晋银行工作，遂改陕甘晋银行为中华苏维埃国家银行西北分行，代理金库，为保证军费起见，发行钞票百万余，先可兑法币，法币用完即不兑现。

1937 年 9 月，联合政府陕甘宁边区政府成立。边区政府共辖 23 个县，包括陕北大部分地区，甘肃、宁夏一部分地区，人口 150 万。抗日民族统一战线形成后，国共两党实现了第二次合作，国民政府承认了边区政府的合法地位。同年 10 月，在中华苏维埃国家银行西北分行的基础上，成立陕甘宁边区银行。根据两党此前达成的协议，边区政府收回苏票，边区内流通的是法币，边区银行既不公开对外，也不发行货币。

陕甘宁边区是抗日战争时期相对独立的地方特区政府，

有着独立的政治经济地位。边区银行执行边区政府的金融政策，服务于"发展经济，保障供给"的总方针。这就决定了边区银行具有国家银行的某些性质和特征。

抗战前期的 1937—1941 年 1 月，边区政府的主要财政来源是争取外援。据统计，1937—1939 年，边区财政收入中外援所占的比重分别为 77.2%、51.96%、85.97%。[①]这一时期陕甘宁边区银行的业务活动主要是代理金库，办理汇兑，特别是通过八路军驻西安办事处领取和汇拨国民政府发给八路军的军饷，以及汇兑海外华侨和后方进步人士的抗日捐款。从 1937 年 7 月到 1940 年 10 月，国民党政府实拨发八路军抗日军饷 16405340.21 元（法币），同期中共中央总计收到国内外进步人士捐款 812234.39 元（法币）。[②]法币均为元以上整币，为了找零的需要，边区便自行发行元以下的辅币。

第二节　陕甘宁边区银行业务活动及其对边区经济发展的作用

一　陕甘宁边币的发行和流通

为办理对外贸易，积累资金，1938 年 4 月，边区成立由边区银行领导的光华商店，6 月起发行光华商店代价券，面值有二分、五分、一角、二角、五角五种辅币，和法币

---

① 李祥瑞：《抗日战争时期陕甘宁边区财政经济概述》，《西北大学学报》1982 年第 4 期，第 91 页。

② 刘秉扬：《抗日战争时期的陕甘宁边区财政》，《西北大学学报》1986 年第 3 期，第 96 页。

等价流通。以后又发行七角五分一种。到 1941 年 2 月停止发行时，光华券共发行 4307215 元。光华代价券是法币的辅币，它的价值和法币的价值是完全等同的，其地位和法币在边区的地位是同等的。

1941 年 1 月皖南事变后，国民党停发八路军军饷，对陕甘宁边区实行军事进攻和经济封锁，外援完全中断，边区经济出现严重困难，财政上由争取外援逐渐转向自力更生的道路。为了建立独立自主的金融体系，解决财政经济困难，发展边区经济，1941 年 1 月 30 日，边区政府颁布《关于停止法币行使的布告》，规定边区境内停止法币发行，凡藏有法币的须向边区银行总分行或光华商店总分店兑换边区票币行使，禁止私带法币出境。2 月 18 日，边区政府颁布《关于发行边币的布告》，授权边区银行发行一元、五元、十元三种边区银行纸币。3 月 18 日，开始发行陕甘宁边币，陆续收回光华券。

为打击法币，整理金融，活跃市面，1944 年 5 月，西北财经办事处第五次会议作出《关于发行商业流通券的决议》，由陕甘宁边区银行以边区贸易公司名义发行陕甘宁边区贸易公司商业流通券，每元折合陕甘宁边币 15 元。流通券于 7 月 1 日开始发行，每元折合边币数改为 20 元，以贸易公司及所属西北土产公司、光华盐业公司、运输公司、南昌公司的全部财产作为发行基金，由陕甘宁边区银行保证。流通券发行后，逐渐取代边币成为边区本位币。

二 陕甘宁边区银行放贷情况

陕甘宁边区银行的主要业务是办理存放款、汇兑、代理金库、管理外汇和金银，建立信用合作社等。存款分为往来存款、特别往来存款、票据存款、暂时存款、活期储蓄存款和定期存款六种。存款业务不甚发达，大部分是机关公款，存款反以放款为基础，未能发挥吸收游资和收缩通货的作用。因吸收存款业务成效不大，因此，银行放款资金的唯一来源是靠货币发行，这是边区银行放款业务的一大特点。

边区银行的放款大致可分为生产建设放款（包括农业、工业、盐业、运输业、合作社、机关生产等放款），财政性放款（包括财政借款、机关借款），商业放款，物资局投资，其他放款（包括短期的暂欠与私人借款）。1937 年 10 月至 1941 年皖南事变发生前夕，银行放款主要是财政机关放款，生产建设放款所占比重极低。1938—1940 年 3 年生产建设放款占放款总额比重依次为 2.26%、12.48%、2.59%。1941 年以后，边区银行对农业及其他生产建设放款力度加大，贷款重点逐步转移到工农业生产上。1941 年和 1942 年生产建设放款占放款总额比重分别为 40.63% 和 19.10%，促进了边区工农业的发展，为边区经济实现自给自足发挥了巨大的作用。

银行放款利息因行业不同、资金周转期长短不一而有差异。农业的资金周转期长，一般为 1 年，利息最低，为 1 分。工业资金周转期为 3—6 个月，利息 1 分 2 厘。商业资金周转速度最快，为 1—3 个月，利息最高，达 1 分 5 厘。

农贷业务方面，1942 年，陕甘宁边区银行在延安、甘泉、富县、安塞、子长、固临、志丹七县 8025 户农家中，发放了 158 万元耕牛和农具贷款，加上农民自己集合的 103 万余元资金，共购买耕牛 2672 头，农具 4980 件，增开荒地 10 余万亩，估计增产粗粮 26000 余担；在延长、延川、固临三县发放植棉及棉花青苗贷款 153 万元，扩大植棉面积 51000 余亩，估计增产棉花 87 万斤。子长、延安和安塞的贷款对象中贫农占 92.48%，雇农占 5.56%，中农占 1.79%，富农占 0.25%。农贷的增加，加强了金融同农村生活的联系，提高了陕甘宁边币在群众心目中的地位。

三　陕甘宁边区银行信用合作社的设立和发展

边区银行建立信用合作社始于 1943 年 3 月的延安南区沟门信用社。1944 年 6 月，边区合作会议对信用合作社采取大量发展的方针，提出每区建立一个信用社的口号。至 1944 年 12 月，全边区信用社增至 86 处，资金 5 亿元。

信用社是在边区银行的帮助下建立起来的，并在银行的指导下从事吸收存款及发放贷款的业务。信用社的发展对于打击民间高利贷，组织新的借贷关系，扶助生产，发展农村经济起了一定的作用。

此外，边区银行代理金库的机构是延安总库，并设三边分库、关中分库、陇东分库、靖边分库和绥德分库五处分库，另有 15 个支库。边区分库在资金的收付和调动方面发挥了重要作用，对有限的财政资源做到了最有效的利用。

综上所述，陕甘宁边区银行在解决陕甘宁边区的财政困难，扶持边区工农业生产的发展，使边区建立独立自主的经济体系和金融体系，巩固陕甘宁抗日革命根据地等各方面均产生了深刻而重要的影响。

结　论

　　纵览西北近代金融业产生和发展的演变历程及其在西北社会经济近代化过程中所起的作用，可以发现，西北近代金融业在发展过程中表现出以下几个明显特点：

　　第一，近代全国金融业的分布在地域间不均衡。北洋政府统治时期是国内新式银行发展的黄金时段，这一时期全国新设银行共有 186 家，而西北地区以全国 1/3 的土地上拥有的银行家数合计不足 10 家。可见，西北地区滞后于东南沿海地区之显明，二者相比简直不可同日而语，有天壤之别。据 1936 年统计①，江浙两省及上海、南京、北京、天津、青岛、杭州、重庆、汉口、广州九大都市以全国 3% 的土地、17% 的人口，占有全国总行数的 79% 、分支行的 50% 。西北地区在抗战时期虽则因沦陷区大批工厂内迁，商业渐次昌盛，人口愈益密集，贸易日趋发达，交通更加便利的慧泽，金融业有了长足的进步，然而在各地区之间发展不平衡现象依然存在且十分严重。

　　据 1945 年 8 月统计，大后方的银行总行已达 416 家，比抗日战争前的全国总行数 164 家增加了 153.7% ；分支行

---

　　①　中国银行总管理处经济研究室：《中华民国二十五年全国银行年鉴》，汉文正楷印书局 1936 年版，第 A17 页。

2566 处，比战前的全国分支行数 1627 处增加了 57.7%。其中，四川有总行 215 家，占总行数的 51.7%，分支行 921 处，占分支行数的 35.9%；其次是陕西，有总行 59 家，占总行数的 14.2%，分支行 158 处，占分支行数的 6.2%；再次是云南，有总行 23 家，占总行数的 5.5%，分支行 165 处，占分支行数的 6.4%。西南、西北的其他省总行数依次为贵州 8 家，西康 7 家，甘肃 3 家，广西 2 家，宁夏和新疆各 1 家，青海仍是空白。县市银行总行 284 家，主要设立于四川、陕西、河南、湖北四省，其中，四川 123 家，占 43.3%；陕西 56 家，占 19.7%；河南 49 家，占 17.3%；湖北 22 家，占 7.7%。四省加起来已达 88%。此外，还有安徽 9 家，贵州 5 家，江西和西康各 4 家，广东和云南各 3 家，福建 2 家，浙江、湖南、广西和甘肃各 1 家，青海、宁夏、绥远和新疆四省为零。[①] 由此可见，大后方银行的发展仍然存在着不平衡性。西北地区金融业虽然在抗战时期进入了一个新的发展阶段，并取得了一定的成绩，但是与西南地区金融业相比较，仍然存在着很大的差距。

第二，从全国范围来看，新式银行的兴起首先是从官办银行开始的，直至辛亥革命后才陆续和大量涌现了众多的商办银行。辛亥革命以前，金融业是票号、钱庄、当铺、官银钱号并立之势，并以票号为业界龙头。辛亥革命以后，票号、官银号终因不适应形势需要，一时又难以倏然改组，而被历史淘汰出局。辛亥革命以后，在第一次世界大战期间，尽管是军阀割据的分裂时期，但同时又是全国范围内

---

① 叶世昌、潘连贵：《中国古近代金融史》，复旦大学出版社 2001 年版，第 324 页。

工商业、金融业飞速发展的黄金时期。私立银行、省立银行如雨后春笋般茁壮新生。

　　从西北地区而言，除由官银号改组设立省银行和国家银行在西北设分支行之外，并无商业银行等新式银行之存在。钱庄当铺等传统民间金融机构虽然在辛亥革命中颇受震荡，但尚能在起伏不定、暗礁险滩密布的社会洪流中躲过战争浩劫的浪袭，经受住政治风潮的冲击，颠簸前行。西北地区现代金融业的成长期是从1930年以后开始的，与全国其他地区尤其是东部相比，迟到了整整20年。1930年以后的成长期又可划分为两个阶段：第一阶段是1930—1937年；第二阶段是1937—1945年。其中，以抗日战争为界标。

　　第一阶段西北地区银行业界处于诞生之初的襁褓时期，除各省银行的设立外还有许多省外来客，如中国银行、中国农民银行、交通银行、中央银行等国家银行和以金城银行、上海银行为代表的商业银行。省境内银行出现了多头竞争的局面。在省银行、国家银行分支行、外地商业银行分支行合组的三重奏中，省银行是主旋律。省银行分支机构遍地开花，但是本省商业银行仍处于地下萌芽状态。

　　同时，这一时期也是中国货币金融史上的变革鼎新层出不穷的关键时期。废两改元和法币政策的出笼揭开了我国货币金融制度的新纪元。清理、改组旧式金融机构，建立以现代国家银行为主体的金融统制体系是国民政府的既定方针。绝大多数的钱庄、当铺在政府统制金融政策中无声没落。少数依靠与官府的关系维持营业或是改变经营方向，转营他业才幸免于难。不过，国民政府对于当铺还是持一定的赞许或扶持态度的，在抗战期间还曾鼓励当铺的营业。这也许是因为看中其对于活动农村金融的积极性和平民性吧！陕西省、甘肃省内对于法币政策的实施和推行法币使用是竭诚尽忠的，而新疆、青海等省却阳奉阴违，抵制法币进入省境流通领域，这是盛世才、马步芳等军阀推行封建割据方针，把新疆、青海搞成水泼不进、针插不入的独立王国所致。

抗战爆发后，西北金融业也随之进入战时非常时期。第二阶段银行业格局基本承袭了第一阶段的特征。国家银行、外来省地方银行和商业银行在西北的分支行处错综交叉，较之第一阶段在数量上和质量上均见增长，而且县银行作为又一支金融力量异军突起，在融通资金、支持地方生产建设方面发挥了实际作用。俾县银行和省银行分支处的普遍设立，西北金融网建设和编织才得以尽早完成。不可否认，抗战时期西北地区以省、县银行为主干，国家银行和商业银行为两翼，信用合作社、合作金库等基层农村金融机构为支脉的西北近代金融网络体系的基本形成，不仅是西北金融业近代化进程中的重要一环，客观上对于扶助西北农村、工矿、贸易、交通运输各项事业的发展，促进西北地区传统经济方式向现代化方向转变，和支援战时大后方经济，均产生了积极而重要的正面效应。

第三，西北地区的新式银行以官营银行为主，因工商业发展极其落后，缺少商业银行生长的要素条件，西北地区并未出现本地资本投资兴办的商业银行。回顾我国商业银行的地域分布状况，东南沿海地区有以"南三行"为代表的江浙金融财团，华北地区有以"北四行"为代表的华北金融财团，华南地区有以广东省银行为代表的华南金融财团，西南地区则有以重庆聚兴诚银行为代表的华西金融财团。与此相比，则更显得西北地区金融业发展缓慢与落后。西北地区开设的商业银行是外地商业银行之分支机构，外省银行在西北的分支行处多数是因战争环境所迫和政治需要而设，战争结束时又陆续撤离。从设立年代来看，集中在 1939 年、1940 年以后；从设立区域来看，主要集中在西安、南郑、宝鸡、安康、兰州、银川等交通要冲或商品集散地。

第四，辛亥革命后，全国陷入地方军阀各霸一方，各省自成一体的割据混乱状态。北洋军阀失去对地方政府的控制，政令不出都门，各省自以为是，俨然各个独立的诸侯国，在地方军阀内部又有许多派系林立。为了扩大地盘，各地方军阀混战不已，军政费用支出相当庞大。所以，西北各地方银行设立后的主要任务是为军阀筹措军费，主要手段是滥发无充足之准备纸币。这些纸币因无法兑现而严重贬值，最后竟变成毫无用处的废纸，这是对西北人民敲骨吸髓的剥削和搜刮。

第五，西北地区金融市场的分割性与落后性是西北近代金融业发展过程中所表现出来的又一个突出特点。1935年，国民党政府实施法币政策以后，青海省和新疆省在地方军阀政治的把持下，有意抵制或禁止法币的流通和使用，致使法币迟迟进入不了青海和新疆，货币混乱状态和货币兑换市场继续存在。1942 年以后，法币虽然进入了新疆，但只能以法币 5 元折合新币 1 元的比率，与新疆的新币共同流通使用，始终未能完全取代新币。这是西北近代金融市场分割性的主要表现。与上海、广州、天津等沿海城市相比，西北地区的金融市场不但发育得较晚，发展程度也较低。上海在 20 世纪 30 年代已经成长为国内最大的金融中心和远东的国际金融中心，上海金融市场包括经营短期借贷的拆借市场、票据市场和经营长期债务和股权的证券市场，此外，尚有外汇市场、黄金市场。西北地区在抗战以前一直没有统一的金融市场，同业之间的金融往来也不多，直到 20 世纪 40 年代初期，才形成了以中央银行为核心的资金拆借市场。西北地区的金银市场，更没有像上海那样形成在黄金交易所中买卖标金的自由市场，金银始终是官僚、军阀及官办银行垄断收购的对象，是他们借以牟取暴利的工具。这充分说明西北近代金融市场发育的不完整性和落后性。

参考文献

一　专著

1. 陈明光：《钱庄史》，中国文史出版社 1997 年版。

2. 陈其田：《山西票庄考略》，商务印书馆 1937 年版。

3. 常梦渠、钱椿涛：《近代中国典当业》，中国文史出版社 1996 年版。

4. 程霖：《中国近代银行制度建设思想研究（1859—1949）》，上海财经大学出版社 1999 年版。

5. 丁焕章：《甘肃近现代史》，兰州大学出版社 1989 年版。

6. 郭庠林、张立英：《近代中国市场经济研究》，上海财经大学出版社 1999 年版。

7. 洪葭管：《中国金融史》，西南财经大学出版社 2001 年版。

8. 胡浩：《流通、金融、制度创新》，人民出版社 2001 年版。

9. 黄鉴晖：《中国银行业史》，山西经济出版社 1994 年版。

10. 黄鉴晖：《山西票号史》，山西经济出版社 2002 年版。

11. 贾士毅：《民国财政史》，商务印书馆 1947 年版。

12. 李飞、赵海宽、许树信、洪葭管：《中国金融通史》第三卷，中国金融出版社 2002 年版。

13. 李沙、冯树德：《中外典当概览》，新华出版社 2000

年版。

14. 李扬、王松奇:《中国金融理论前沿》,社会科学文献出版社 2000 年版。

15. 刘惠宇:《中国中央银行研究(一九二八——一九四九)》,中国经济出版社 1999 年版。

16. 刘方健、史继刚:《中国经济发展史简明教程》,西南财经大学出版社 2001 年版。

17. 刘佛丁:《中国近代经济发展史》,高等教育出版社 1999 年版。

18. 刘光第:《中国的银行》,北京出版社 1984 年版。

19. 刘永成:《清代前期农业资本主义萌芽初探》,福建人民出版社 1982 年版。

20. 刘絜敖:《国外货币金融学说》,中国展望出版社 1983 年版。

21. 马寅初:《中国经济改造》,商务印书馆 1935 年版。

22. 千家驹、郭彦岗:《中国货币发展简史和表解》,人民出版社 1982 年版。

23. 史若民:《票商兴衰史》,中国经济出版社 1998 年版。

24. 寿充一、寿乐英:《外商银行在中国》,中国文史出版社 1996 年版。

25. 汪敬虞:《中国近代经济史(1895—1927)》下册,人民出版社 2000 年版。

26. 魏永理:《中国近代经济史纲》,甘肃人民出版社 1983 年版。

27. 魏永理、李宗植、张寿彭:《中国西北近代开发史》,甘肃人民出版社 1993 年版。

28. 萧清:《中国近代货币金融史简编》,山西人民出版社

1987 年版。

29. 徐安伦、杨旭东:《宁夏经济史》,宁夏人民出版社 1998 年版。

30. 徐枫、赵隆业:《中国各省地方银行纸币图录》,中国社会科学出版社 1992 年版。

31. 徐唐龄:《中国农村金融史略》,中国金融出版社 1996 年版。

32. 姚会元:《江浙金融财团研究》,中国财政经济出版社 1998 年版。

33. 叶世昌、潘连贵:《中国古近代金融史》,复旦大学出版社 2001 年版。

34. 杨荫溥:《上海金融组织概要》,商务印书馆 1930 年版。

35. 杨荫溥:《中国金融研究》,商务印书馆 1936 年版。

36. 杨肇遇:《中国典当业》,商务印书馆 1932 年版。

37. 杨重琦、魏明孔:《兰州经济史》,兰州大学出版社 1991 年版。

38. 尹进:《中国古代商品经济与经营管理》,武汉大学出版社 1991 年版。

39. 曾康霖、王长庚:《信用论》,中国金融出版社 1993 年版。

40. 张国辉:《晚清钱庄和票号研究》,中华书局 1989 年版。

41. 赵德馨、李光运、张俊华:《中国近代国民经济教程》,高等教育出版社 1988 年版。

42. 郑先炳:《银行千能——货币与银行功能的新观察》,复旦大学出版社 1994 年版。

43. 钟思远、刘基荣：《民国私营银行史（1911—1949）》，四川大学出版社 1999 年版。

44. 周谷城：《中国近代经济史论》，复旦大学出版社 1987 年版。

45. ［美］托马斯·梅耶等：《货币银行与经济》，洪文金、林志军等译，中国金融出版社 1994 年版。

46. ［美］帕克斯·M. 小科布尔：《江浙财阀与国民政府（一九二七——一九三七）》，蔡静仪译，南开大学出版社 1987 年版。

二　史料

1. 财政部财政年鉴编纂处：《财政年鉴（三编）》下册，1948 年。

2. 陈秉渊：《马步芳家族统治青海四十年》，青海人民出版社 1986 年版。

3. 陈真、姚洛：《中国近代工业史资料》，生活·读书·新知三联书店 1957 年版。

4. 刘骥：《蒋冯阎关系和中原大战》，《文史资料选辑》第 16 辑，1961 年。

5. 马钟秀：《清末民初的兰州银钱业》，《甘肃文史资料选辑》第 13 辑，1964 年。

6. 上海金融史话编写组：《上海金融史话》，上海人民出版社 1978 年版。

7. 杨培新、杨小林：《沙皇俄国在中国推行卢布进行掠夺的史实》，《文史资料选辑》第 75 辑，1981 年。

8. 张令琦：《解放前四十年甘肃金融货币简述》，《甘肃文史资料选辑》第 8 辑，1980 年。

9. 郑立斋：《我在兰州天福公钱庄的经历》，《甘肃文史资料选辑》第 14 辑，1983 年。

10. 中国人民银行上海分行：《上海钱庄史料》，上海人民
    出版社 1960 年版。

11. 中国人民银行上海市分行金融研究室：《金城银行史
    料》，上海人民出版社 1983 年版。

12. 中国人民政治协商会议甘肃省委员会文史资料研究委员
    会：《甘肃文史资料选辑》第 8 辑，甘肃人民出版社
    1980 年版。

13. 中国人民政治协商会议甘肃省委员会文史资料研究委员
    会：《甘肃文史资料选辑》第 10 辑，甘肃人民出版社
    1981 年版。

14. 中国人民政治协商会议甘肃省委员会文史资料研究委员
    会：《甘肃文史资料选辑》第 13 辑，甘肃人民出版社
    1982 年版。

15. 中国人民政治协商会议甘肃省委员会文史资料研究委员
    会：《甘肃文史资料选辑》第 14 辑，甘肃人民出版社
    1983 年版。

16. 中国人民政治协商会议甘肃省委员会文史资料研究委员
    会：《甘肃文史资料选辑》第 16 辑，甘肃人民出版社
    1983 年版。

17. 中国人民政治协商会议全国委员会文史资料研究委员
    会：《文史资料选辑》第 16 辑，中华书局 1961 年版。

18. 中国人民政治协商会议全国委员会文史资料研究委员
    会：《文史资料选辑》第 75 辑，文史资料出版社 1981
    年版。

19. 中国人民政治协商会议全国委员会文史资料研究委员
    会：《法币、金圆券与黄金风潮》，文史资料出版社

1985 年版。

20. 中国银行总管理处经济研究室：《1934 全国银行年鉴》，汉文正楷印书局 1934 年版。

21. 中国银行总管理处经济研究室：《中华民国二十五年全国银行年鉴》，汉文正楷印书局 1936 年版。

三　论文

（一）1949 年以前

1. 贝文：《宁夏金融之今昔观》，《新宁夏》1946 年创刊号。

2. 陈继周：《如何使甘肃的经济财政金融配合发展》，《新甘肃》1947 年第 2 卷第 1 期。

3. 成治田：《甘肃农贷前途之瞻望》，《甘行周讯》1946 年第 148 期。

4. 告往：《甘肃省二十余年来各银行兴废之始末及其发行纸币之概况》，《海泽半月刊》1934 年第 21 期。

5. 郭荣生：《抗战期中之陕西省银行》，《经济汇报》1942 年第 6 卷第 10 期。

6. 韩清涛：《陕西的农业合作事业》，《西北资源》1941 年第 1 卷第 2 期。

7. 胡铁：《省地方银行之回顾与前瞻》，《金融知识》1942 年第 1 卷第 6 期。

8. 胡元民：《西北五省之金融业》，《金融知识》1943 年第 2 卷第 4 期。

9. 嘉谟：《陕西近年财政金融实况》，《陕行汇刊》1939 年第 3 卷第 5 期。

10. 李崇年：《陕省县银行之成长与发展》，《陕政》1944 年第 5 卷第 11、12 期（合刊）。

11. 李京生：《论西北金融网之建立》，《经济建设》（季刊）1944 年第 2 卷第 4 期。

12. 李荣廷：《论战时我国之银钱业》，《经济汇报》1942 年第 6 卷第 10 期。

13. 黎迈：《甘肃金融业之过去与现在》，《西北资源》1941 年第 2 卷第 2 期。

14. 黎小苏：《陕西钱庄业之沿革及其现状》，《西北资源》1941 年第 1 卷第 5 期。

15. 黎小苏：《陕西银行业之过去与现在》，《西北资源》1941 年第 1 卷第 6 期。

16. 刘永乾：《西北区银行动态之偏向》，《西北论坛》1947 年创刊号。

17. 毛北屏：《设立甘肃省合作金库之意义》，《甘肃合作通讯》1943 年第 1 卷第 7 期。

18. 彭吉元：《十年来新疆的财政与金融》，《新新疆》1943 年第 1 卷第 1 期。

19. 屏钟：《救济青海金融问题》，《新青海》1935 年第 3 卷第 2 期。

20. 萧屏如：《陕西省银行与陕西省合作事业》，《陕行汇刊》1946 年第 10 卷第 1、2 期。

21. 王智：《甘肃农村金融现状之分析》，《雄风半月刊》1936 年第 1 卷第 2 期。

22. 徐继庄：《我国省地方银行问题》，《金融知识》1942 年第 1 卷第 6 期。

23. 学衡：《陕西的金融概述》，《西北刍议》1935 年第 1 卷第 11、12 期（合刊）。

24. 杨承厚：《陕西省推行公库制度概况》，《经济汇报》

1943 年第 8 卷第 8 期。

25. 佚名：《兰州之钱业商市面情形较前活跃》，《首都国货导报》1935 年第 13、14 期（合刊）。

26. 岳炉：《对于陕西省地方金融今后之寄望》，《陕政》1945 年第 7 卷第 1、2 期（合刊）。

27. 张之仪：《银行革命建国速成论》，《陕行汇刊》1943 年第 7 卷第 3 期。

28. 章云：《我国省地方银行之发展》，《陕行汇刊》1943 年第 7 卷第 3 期。

29. 赵从显：《甘肃地方金融机构一元化问题》，《西北论坛》1948 年第 1 卷第 4 期。

30. 祝绍周：《陕西省银行今后之任务》，《陕行汇刊》1946 年第 10 卷第 1、2 期。

31. 朱绍良：《三年来的省合作金库》，《甘行周讯》1946 年第 179、180 期（合期）。

（二）1949 年以后

1. 杜恂诚：《北洋时期中国新式银行在对外贸易中的作用》，《历史研究》1991 年第 3 期。

2. 杜恂诚：《近代中国经济的悲剧——财政与银行合一》，《上海经济研究》1993 年第 4 期。

3. 杜恂诚：《北洋政府时期华资银行业内部关系三个层面的考察》，《经济研究》1999 年第 5 期。

4. 杜恂诚：《中国近代两种金融制度的比较》，《中国社会科学》2000 年第 2 期。

5. 樊继福：《鸦片战争后的清代钱庄》，《陕西师范大学学报》（哲学社会科学版）2002 年第 31 卷第 3 期。

6. 傅宏：《民国时期农村合作运动评述》，《徐州师范大学学报》（哲学社会科学版）2000 年第 26 卷第 4 期。

7. 江其务：《理论创新与金融体制改革突破》，《当代银行家》2003 年第 1 期。

8. 孔祥毅：《山西票号与清政府的勾结》，《中国社会经济史研究》1984 年第 3 期。

9. 孔祥毅：《1883 年金融危机中的票号与钱庄下》，《山西财经大学学报》2000 年第 22 卷第 4 期。

10. 李明伟：《论中国近代商业银行的运行机制》，《甘肃社会科学》1996 年第 5 期。

11. 李明伟：《中国近代银行业的发展道路》，《社会科学辑刊》1998 年第 118 期。

12. 李一翔：《中国早期银行资本与产业资本关系初探》，《南开经济研究》1994 年第 2 期。

13. 李一翔：《论 30 年代中国银行业对棉纺织业的直接经营》，《中国经济史研究》1997 年第 3 期。

14. 刘秋根：《关于中国早期银行业的几个问题》，《河北大学学报》（哲学社会科学版）1995 年第 4 期。

15. 刘永祥：《北洋政府时期的私营银行》，《社会科学辑刊》2000 年第 6 期。

16. 雒春普：《山西票号业的金融创新》，《晋阳学刊》2001 年第 5 期。

17. 马建昌：《抗日时期国民政府开发西北农业问题研究》，硕士学位论文，西北大学，2003 年。

18. 齐清顺：《清代新疆的协饷供应和财政危机》，《新疆社会科学》1987 年第 3 期。

19. 史继刚：《民国前期县地方银行的创设》，《四川师范大学学报》（社会科学版）1999 年第 26 卷第 1 期。

20. 涂华奇：《南京政府十年的政企关系考察》，《学术研究》2001 年第 3 期。

21. 王爱民：《论票号与钱庄在中国近代资金清算中之作用》，《经济问题》1998 年第 3 期。

22. 王江：《转轨经济中银企关系的变迁与重构》，《金融研究》2002 年第 3 期。

23. 王遂今：《"江浙财团"问题初探》，《浙江学刊》1993 年第 6 期。

24. 王业兴：《论民国初年中国金融业近代化趋向》，《学术月刊》1999 年第 9 期。

25. 吴景平：《近代中国金融中心的区域变迁》，《中国社会科学》1994 年第 6 期。

26. 薛念文：《中华农业合作贷款银团追记》，《上海金融》2001 年第 7 期。

27. 薛念文：《1927—1937 年上海商业储蓄银行的农贷活动》，《民国档案》2003 年第 1 期。

28. 席长庚：《我国历史上的商业银行》，《中国金融学院学报》1996 年第 1 期。

29. 向达之：《论近代末期西北地区的金融财政危机》，《甘肃社会科学》1994 年第 5 期。

30. 许弘：《近代中国银货币改革述论》，《辽宁师范大学学报》（社会科学版）2000 年第 23 卷第 2 期。

31. 姚会远：《近代汉口钱庄性质的转变》，《武汉师范学院学报》（哲学版）1984 年第 2 期。

32. 颜建国：《建立新型银企关系》，《金融与保险》2002 年第 7 期。

33. 张寿彭：《甘肃近代金融业的产生和发展》，《开发研究》1990 年第 4 期。

34. 张国辉:《二十世纪初期的中国钱庄和票号》,《中国经济史研究》1986 年第 1 期。

35. 张士杰:《中国近代农村合作运动的兴起和发展》,《民国档案》1992 年第 4 期。

36. 钟思远:《1927—1937 年的中国私营银行》,《经济学家》1994 年第 3 期。

37. 周涛:《清末民初中国银行业中的近代化因素》,《北京工商大学学报》(社会科学版) 2002 年第 2 期。

38. 朱荫贵:《两次世界大战间的中国银行业》,《中国社会科学》2002 年第 6 期。

39. 朱荫贵:《抗战前钱庄业的衰落与南京国民政府》,《中国经济史研究》2003 年第 1 期。

后 记

　　"文章千古事，得失寸心知。"在本书成稿之时，回首来时路，我不觉感慨万千。在整理素材和写作过程中，我苦心孤诣、废寝忘食地昼思夜想、字斟句酌，几乎达到了殚精竭虑、呕心沥血的地步。因此，本书可谓我的吐血之作。也许，它还称不上是至臻至善，但我至少可以面无愧疚地对自己说：我已经尽了我的最大努力！

　　学海无涯。学术的事情断不是由某一单个的人所能包办、独占或成就的。真理总是能穿越时空，在历史长河的披沙拣金中薪火相传的。故而本书中的许多观点也是在充分借鉴和吸收前人合理研究成果内核的基础上形成的。在此，我谨向他们致以崇高的敬意和诚挚的谢意。

　　我的硕士生导师张寿彭教授是我非常敬重的一位对西北近代经济史研究颇有造诣的资深学者。导师治学严谨，思维敏锐，知识渊博，平易近人，无论在治学还是为人方面都为我树立了典范。本书从立意到构思，都受到导师的循循善诱和直接启发。"一日为师，终身为父。"无论我走到天涯海角，导师的知遇之恩我将永志难忘。

　　最后，我要深深地感谢多年来为我提供强大的精神支

持和物质后盾的父亲、母亲、哥哥、姐姐,父母家人寄予
我的厚望将永远激励着我在漫漫的人生路上日夜兼程,"上
下而求索"。

苗金萍

2016 年 2 月 23 日于烟台